Os 7 Princípios das Finanças Pessoais

Educação Financeira para todas as fases da vida.

Júlio Henrique Ely Zibetti

ISBN 978-65-01-91824-2.

Júlio Zibetti

Quem sou eu? O que me motiva? Quais são as minhas influências?

No Brasil, aproximadamente 80% das famílias estão endividadas![1]

Essa estatística assustadora sugere que a esmagadora maioria da população tem desafios ao lidar com o dinheiro, e possivelmente passará boa parte da vida em conflitos decorrentes desta realidade. Estamos falando de milhões de pessoas nesta situação, considerando um país com 213 milhões de habitantes.[2]

[1]FONTE: Confederação Nacional do Comércio de Bens, Serviços e Turismo - CNC, Outubro de 2025.

[2]FONTE: IBGE, 2025 (estimativa).

O que fazer para mudarmos esta realidade?
Educação é a resposta idealista, como todos nós sabemos. Porém, o Estado brasileiro (Municípios, Estados e União) e as instituições privadas precisam responder a este desafio na velocidade em que a sociedade realmente precisa. E eu quero prestar a minha singela contribuição começando com este livro.

Conheça a minha Educação formal:

- Sou Estatístico (Bacharel) graduado pelo Instituto de Matemática da UFRGS.
- Sou Especialista em Administração Pública pela Escola de Administração da UFRGS.
- Sou Especialista em Finanças, Investimentos e Banking pela PUCRS.
- Sou Mestre em Engenharia de Produção (área de Qualidade) pela Escola de Engenharia da UFRGS.

Conheça a minha experiência profissional:
Na área privada, trabalhei no mercado imobiliário, no mercado de cartões de crédito, no mercado de pesquisas de mercado, entre outros casos de assessoria.

Na área pública, trabalhei na área de previdência financeira e planos de saúde, no sistema de justiça e na educação continuada de adultos.

Nos últimos anos foquei meus estudos em novas áreas da Economia, em especial o ensino da Educação Financeira e das Finanças Pessoais. Foi então que percebi que seria possível criar um livro com grandes ensinamentos práticos aplicados em linguagem simples e objetiva. Foi assim que nasceu este projeto, que agora está aqui materializado em um livro.

Inspirado em grandes autores, em especial dois ganhadores do prêmio Nobel de Economia, Daniel Kahneman e Richard Thaler, o leitor poderá passar adiante o que aprendeu, pois a linguagem é acessível aos diversos públicos. Ensinar é o ato mais nobre do processo de aprendizagem. E você será capaz de fazê-lo após a leitura deste livro.

Espero, ao final do livro, ganhar pelo menos um entusiasta do tema, e um potencial multiplicador deste assunto. E assim, quero alcançar o objetivo máximo deste livro: um país de mais pessoas livres para fazerem suas escolhas e tomarem as rédeas do seu futuro.

Este livro utiliza uma linguagem simples, com casos reais e sem “Economês”. Ele foi planejado para ser um livro resumido dos princípios mais importantes, pois o seu tempo é o seu maior ativo de vida!

“Riqueza é a liberdade de escolhas.”

Construa a sua liberdade a cada dia.

Júlio Zibetti

Sumário

Introdução e Justificativa para este Livro

O tema da Educação Financeira e Finanças Pessoais é mais do que apenas ensinar pessoas a lidar com o dinheiro; é um investimento fundamental no futuro do Brasil. Um país com cidadãos financeiramente alfabetizados poderá ser um país mais livre, próspero e resiliente às mudanças do mundo.

Por que a educação financeira é crucial para o desenvolvimento do Brasil?

- **Combate à pobreza:** Ao ensinar as pessoas a gerir seus recursos de forma eficiente, a educação financeira contribui para reduzir a pobreza. Pessoas com conhecimento financeiro têm mais chances de sair da pobreza, investir em sua educação e construir um futuro mais seguro.
- **Estabilidade econômica:** Uma população financeiramente educada toma decisões mais conscientes sobre consumo, poupança e investimento, o que contribui para a estabilidade econômica do país. Menos dívidas e mais investimentos sugerem um ciclo virtuoso de crescimento econômico de indivíduos e empresas.
- **Autossuficiência individual:** A educação financeira empodera as pessoas, dando-lhes as ferramentas necessárias para tomar decisões independentes e alcançar seus objetivos. Isso se traduz em maior autonomia e bem-estar.

- **Prevenção contra golpes e marketing agressivo:** Ao entender os riscos e oportunidades do marketing e da publicidade, as pessoas estão mais preparadas para enfrentar tentativas de golpes e tomar decisões mais racionais de compra.
- **Crescimento do mercado:** Um país com uma população financeiramente educada é mais atrativo para investidores, o que estimula o crescimento econômico e a geração de empregos.

Premissa: Você é o responsável pelo seu futuro financeiro.

Embarcar na jornada da Educação Financeira e Finanças Pessoais é o primeiro passo para assumir as rédeas do seu futuro. A prosperidade que almejamos não surge por acaso, mas sim como resultado de escolhas conscientes e ações planejadas. Portanto, não devemos depositar a responsabilidade pelo nosso bem-estar financeiro em outras mãos, sejam elas pessoas, governos ou mesmo crenças pessoais. Cada indivíduo é o arquiteto do seu próprio sucesso financeiro. A compreensão dos princípios que regem o dinheiro é a ferramenta essencial para construir a segurança e a liberdade que você merece. A decisão de aprender e aplicar esses conhecimentos não é apenas inteligente, mas um ato de autossuficiência pessoal, um investimento em si mesmo que renderá frutos duradouros e permitirá que você trace o seu próprio caminho rumo a um futuro financeiramente mais sólido e com liberdade.

Princípio 1: Conhece-te a Ti Mesmo (Financeiramente!)

Começar este livro homenageando grandes filósofos da humanidade era um desejo antigo meu. A frase "Conhece-te a ti mesmo" atravessou os séculos para ser relembrada aqui neste livro. Ela estava inscrita no pórtico do Templo de Apolo, em Delfos (Grécia). Este templo era um local de grande importância religiosa e cultural, onde o oráculo de Delfos dava conselhos e previsões. O filósofo Sócrates defendia que o autoconhecimento é o primeiro passo para a sabedoria e a virtude. Para Sócrates, examinar a própria vida e suas crenças era fundamental para uma existência significativa.

Ao parafrasear essa frase no contexto da Educação Financeira e Finanças Pessoais, nós estabelecemos uma ponte poderosa:

- **Reafirmar a Base Filosófica:** elevar o ato de lidar com o dinheiro de uma mera transação técnica para um exercício de autoconsciência profunda, sugerindo que uma boa gestão financeira pessoal começa com a reflexão e a compreensão de si mesmo.
- **Destacar a Importância do Indivíduo:** Assim como Sócrates colocava o indivíduo no centro da busca pelo conhecimento, este livro coloca o indivíduo no centro de sua jornada financeira. Não se trata apenas de "o que fazer com o dinheiro", mas de "quem sou eu em relação ao dinheiro".

- **Adicionar Profundidade à Educação Financeira:** Ao invés de ser apenas sobre números e planilhas, a educação financeira se torna também sobre psicologia, comportamento e valores. Ela aborda os vieses cognitivos e as emoções que Sócrates, de certa forma, já apontava como obstáculos à razão pura.

Assim, ao citar Sócrates, este livro não apenas evoca uma figura icônica da filosofia ocidental, mas também confere uma base conceitual profunda e uma autoridade milenar ao que estou chamando de primeiro e mais fundamental princípio da Educação Financeira e Finanças Pessoais: que a verdadeira sabedoria financeira nasce do autoconhecimento.

A força do Comportamento

Se eu fizer uma pesquisa e perguntar às pessoas: o que é mais importante no sucesso das finanças pessoais ao longo da vida: "comportamento" ou "técnica"? A maioria das pessoas responderá "técnica".

A maioria das pessoas tende a acreditar que é a técnica por algumas razões principais:

- É mais objetivo e tangível: Aprender sobre investimentos, tipos de contas de poupança ou como preencher uma planilha de orçamento é algo concreto. Há livros, artigos e vídeos que ensinam essas regras. É um conhecimento que podemos adquirir e sentir que estamos conseguindo "fazer algo". Já o comportamento é mais abstrato e requer um trabalho mais profundo, como enfrentar impulsos, lidar com emoções e mudar hábitos de anos.
- O nosso sistema educativo foca nisso: Desde cedo, somos ensinados a resolver problemas de matemática e a seguir fórmulas, o que nos faz acreditar que todos os problemas têm uma solução técnica. A escola não nos ensina a lidar com o nosso lado emocional e psicológico em relação ao dinheiro, por exemplo.
- A indústria financeira vende a técnica: O nicho desse mercado prospera com a venda de produtos e serviços técnicos, como produtos de investimento, consultoria, etc. Eles promovem a ideia de que a solução para os seus problemas financeiros está em um produto ou

numa estratégia, e não numa mudança de comportamento.

É mais fácil e confortável focar na parte que tem uma fórmula, enquanto o comportamento é o verdadeiro desafio, que exige autoconhecimento e disciplina.

Mas eu sei, essa conversa pode ficar muito abstrata, então vou afirmar uma proporção provocativa: o sucesso nas finanças pessoais depende 80% do seu comportamento e apenas 20% da sua técnica.

Embora seja quase impossível promover um estudo que comprove estas exatas proporções, a ideia aqui é enfatizar que o importante, mesmo, são os comportamentos ao longo da vida. O uso da técnica ideal será uma mera consequência dos seus comportamentos.

Entenda Onde Você Está e Para Onde Quer Ir

Assim como em uma sociedade, onde diferentes segmentos representam distintas realidades, as finanças pessoais também podem ser visualizadas como uma **pirâmide social**. Esta metáfora nos ajuda a compreender os diversos estágios em que uma pessoa pode se encontrar em sua jornada financeira e, mais importante, a visualizar o caminho para subir a níveis de maior liberdade e prosperidade. Na base, encontramos aqueles que lutam contra o endividamento. No meio, os que estão no equilíbrio. No topo, aqueles que fazem seu dinheiro trabalhar para eles.

Identificar sua posição atual é o primeiro passo para traçar um plano de ascensão. Parafraseando um Estatístico que influenciou muito a Administração, William Edwards Deming disse: “só gerenciamos aquilo que podemos medir”.

E para entendermos melhor a ideia de uma pirâmide social das Finanças Pessoais, eu criei a figura abaixo que pode ajudar na compreensão do seu atual momento financeiro.

A Pirâmide Social das Finanças Pessoais

A Base da Pirâmide: Os Endividados e Inadimplentes

Na base da pirâmide, encontramos o grupo dos **Endividados**. Este estrato é caracterizado por uma situação onde as despesas superam consistentemente a renda, resultando na acumulação de dívidas, muitas vezes com juros altos (como cartão de crédito e cheque especial). A vida financeira aqui é marcada pela pressão constante, pelo estresse e pela sensação de que o dinheiro nunca é suficiente, não importa o quanto se ganhe.

Características Comuns:

- **Déficit Constante:** Gastam mais do que ganham, mês após mês.
- **Uso de Crédito como Renda:** Utilizam o cartão de crédito, empréstimos ou cheque especial para cobrir despesas básicas ou supérfluas, não como ferramentas de gestão.
- **Juros Elevados:** Grande parte da renda é comprometida com o pagamento de juros, dificultando a quitação do principal da dívida.
- **Foco no Curto Prazo:** A preocupação maior é pagar a conta do mês, sem conseguir planejar o futuro.
- **Estresse e Ansiedade:** A pressão das dívidas afeta a saúde mental e o bem-estar geral.

Exemplo: Maria, uma profissional dedicada, sempre se viu com a fatura do cartão de crédito no limite e o cheque especial estourado. Ela ganha um bom salário, mas seus gastos com restaurantes, roupas e pequenos luxos excedem sua renda. Maria paga o mínimo do cartão, e os juros consomem grande parte de seu salário, impedindo-a de poupar ou investir. Ela vive com a sensação de estar sempre "correndo atrás do prejuízo".

Também é importante refletir se a dívida é “boa” ou “ruim”. Pela definição geral, uma pessoa **endividada** é aquela que tem alguma **obrigação financeira** a ser paga a um terceiro. Quando estamos pagando a dívida em dia, ou seja, dentro do prazo, a pessoa é considerada “endividada” porém está “adimplente”. Entretanto, quando a pessoa tem uma dívida em seu nome, e **não** está sendo capaz de pagar ela dentro do prazo, ela precisa arcar com custos financeiros, como taxas e juros, sendo agora enquadrada como “**inadimplente**”. Dependendo da situação, a pessoa pode entrar em um círculo de incapacidade de pagamento, devido aos altos juros do Brasil. Em especial se forem dívidas no cartão de crédito, que é um produto financeiro com juros altíssimos.

Como regra geral, gosto de dar o exemplo de dois bens tangíveis para comparar dívidas boas e ruins: um imóvel e um carro. Qual desses bens se valoriza e qual se desvaloriza após a compra? No Brasil, os imóveis historicamente se valorizam, salvo raras exceções. Já um carro, no dia seguinte ao da compra você já tem desvalorização quase certa. Então, no caso de financiamento (endividamento) com os dois, qual seria uma dívida “boa” e uma dívida “ruim”? A boa seria o imóvel e a ruim seria o veículo. E dessa mesma forma podemos pensar para outros empréstimos e financiamentos em que estaremos em situações similares.

O Caminho para a Superação

Para sair da base, é fundamental cortar gastos drasticamente, negociar dívidas, buscar renda extra e, acima de tudo, mudar a mentalidade de consumo. O objetivo é parar de acumular novas dívidas e começar a quitar as existentes.

O Meio da Pirâmide: Os Empatados ou Zero a Zero

No meio da pirâmide, está o grupo dos **Empatados**. Este é um estágio de transição e equilíbrio. As pessoas aqui conseguem cobrir suas despesas com sua renda, mas geralmente não sobra muito para poupança ou investimentos. Elas não estão endividadas (ou estão quitando suas dívidas de forma controlada), mas também não estão construindo um patrimônio de forma acelerada. A vida financeira é mais estável, mas ainda com pouca margem de manobra para grandes objetivos ou imprevistos.

Características Comuns:

- **Equilíbrio entre Renda e Despesa:** Ganham o suficiente para cobrir os gastos, mas a diferença entre gastos e despesas é pequena.
- **Ausência de Dívidas Ruins:** Conseguiram quitar ou controlar as dívidas de alto custo.
- **Poupança Irregular ou Inexistente:** Guardam dinheiro de forma esporádica ou apenas para objetivos de curto prazo.
- **Foco no Presente/Curto Prazo:** Conseguem viver o presente sem dívidas, mas o futuro ainda

não é uma prioridade de planejamento financeiro ativo.

Exemplo: Carlos e Ana, um jovem casal, conseguiram quitar o financiamento do carro e não têm dívidas de cartão de crédito. Eles ganham o suficiente para pagar as contas da casa, o aluguel e ter um lazer modesto. No entanto, ao final do mês, o saldo da conta bancária é quase zero. Eles gostariam de viajar e comprar um apartamento, mas não conseguem acumular dinheiro para esses objetivos, pois qualquer sobra é consumida por um gasto inesperado ou um desejo de consumo pontual.

O Caminho para a Ascensão: Para avançar, os “Empatados” precisam criar um superávit financeiro constante, aumentando a diferença entre o que ganham e o que gastam. Isso envolve otimizar o orçamento, buscar formas de aumentar a renda, repensar gastos e, principalmente, transformar a poupança em um hábito regular e com propósito, direcionando-a para investimentos.

O Topo da Pirâmide: Os Investidores

No topo da pirâmide, residem os **Investidores**. Este grupo não apenas gasta menos do que ganha, mas também faz com que o dinheiro que sobra trabalhe ativamente para eles, gerando mais dinheiro. Eles estão no caminho para alcançar a liberdade financeira, onde a renda passiva poderá cobrir suas despesas.

Características Comuns:

- **Superávit Consistente:** Têm um planejamento financeiro que garante que sempre sobra dinheiro ao final do mês.
- **Reserva de Emergência Robusta:** Possuem um fundo para imprevistos que lhes dá tranquilidade.
- **Investimentos Ativos:** O dinheiro poupado é direcionado para investimentos que se alinham aos seus objetivos e perfil de risco, gerando renda passiva e crescimento de patrimônio.
- **Foco no Longo Prazo:** Planejam a aposentadoria, a educação dos filhos e outros grandes objetivos de vida.
- **Liberdade e Paz Financeira:** Têm controle sobre suas finanças e a capacidade de fazer escolhas alinhadas aos seus valores, sem a pressão do dinheiro.

Exemplo: Pedro e Juliana, após anos de disciplina e planejamento, vivem confortavelmente. Eles têm um orçamento bem definido, gastam menos do que ganham e poupam uma parte significativa de sua renda todos os meses. Esse dinheiro é investido em diferentes ativos, como renda fixa, e outros, que já geram uma renda passiva considerável. Eles têm uma reserva de emergência que os deixa tranquilos e estão construindo um patrimônio sólido para a aposentadoria e para realizar o sonho de ter uma casa no campo.

O Caminho para a Manutenção e Expansão: Para permanecer no topo e continuar crescendo, os Investidores devem manter a disciplina no longo prazo, diversificar seus investimentos, continuar aprendendo e revisar periodicamente seus planos financeiros.

O que podemos concluir sobre essa "pirâmide social"?

A Pirâmide Social das Finanças Pessoais é mais do que uma simples classificação: é um **convite à reflexão e à ação**. Onde você se encontra hoje? E, mais importante, para onde você deseja ir? A boa notícia é que a ascensão nesta pirâmide não é determinada por sua renda inicial, mas sim por suas **escolhas** e **comportamentos** financeiros ao longo do tempo. Com autoconhecimento, disciplina para gastar menos do que se ganha e a decisão de fazer seu dinheiro trabalhar para você, é possível transitar de um nível para outro. Este livro está aqui para ser seu guia nessa jornada, fornecendo o conhecimento e o apoio necessários para que você não apenas mude de nível, mas construa uma base financeira sólida e um futuro de verdadeira liberdade.

O Prêmio Nobel que uniu Psicologia e Economia

Durante muito tempo, o mundo financeiro operou sob a ilusão de que somos o *"Homo Economicus"*: seres puramente racionais, calculistas e focados em maximizar ganhos. Essa visão, no entanto, foi desmantelada por dois gigantes: Daniel Kahneman e Richard Thaler. O trabalho desses Nobelistas foi o alicerce das "**Finanças Comportamentais**", revelando uma verdade desconfortável: nossas vidas financeiras não são geridas por lógica fria, mas são profundamente influenciadas por crenças, vieses cognitivos, atalhos mentais e emoções.

O Duelo Mental: Sistema 1 *versus* Sistema 2

Não somos seres racionais que sentem; somos seres emocionais que pensam.

Você provavelmente acredita que toma decisões financeiras baseadas em lógica. Você olha o preço, avalia a necessidade, consulta o saldo e decide, certo? Errado!

A premissa fundamental da economia clássica dizia que o ser humano é um "agente racional", que sempre maximiza seus ganhos e minimiza suas perdas. Mas Daniel Kahneman, psicólogo vencedor do Prêmio Nobel de Economia, provou que isso é uma fábula.

Em seu livro *"Rápido e Devagar: Duas Formas de Pensar"*, Kahneman nos apresenta os protagonistas que vivem dentro da nossa cabeça. Eles não são "lado esquerdo" ou "lado direito". Eles são modos de operação. Vamos chamá-los de **Sistema 1** e **Sistema 2**.

Entender essa dinâmica é a chave para deixar de ser uma "vítima" dos seus impulsos.

O Sistema 1: Rápido

O Sistema 1 é a nossa configuração de fábrica. Ele é **rápido, intuitivo, associativo e emocional**. Ele opera automaticamente, com pouco ou nenhum esforço e sem controle voluntário.

- **O que ele faz:** Reconhece que um objeto está longe, detecta hostilidade na voz de alguém, responde quanto é 2+2, e dirige o carro em uma estrada vazia.
- **No dinheiro:** É o Sistema 1 que vê uma placa de "50% de DESCONTO" e dispara uma descarga de impulsividade. É ele que sente medo quando o jornal diz que a bolsa caiu. É ele que compra o café caro todo dia sem pensar.

Ele é excelente para a sobrevivência (fugir de um leão na selva), mas péssimo para finanças modernas (planejar a aposentadoria para daqui a 30 anos).

O Sistema 2: Lento

O Sistema 2 aloca atenção às atividades mentais mais trabalhosas. Ele é **lento, lógico e calculista**. É onde reside a nossa sensação de gestão e de escolha.

- **O que ele faz:** Calcula quanto é 17 x 24, estaciona o carro em uma vaga apertada, preenche a declaração do imposto de renda, compara as taxas de juros de dois financiamentos.
- **No dinheiro:** É o Sistema 2 que monta o orçamento, que freia o impulso de compra e que analisa se uma ação na bolsa de valores está cara ou barata baseada nos fundamentos, e não no gráfico.

O Conflito: A Preguiça Cognitiva

Se temos o Sistema 2 para nos ajudar a ser racionais, por que cometemos tantos erros?

A grande descoberta de Kahneman é que **o Sistema 2 é preguiçoso**. O pensamento lógico consome muita energia e esforço físico. O cérebro humano, evolutivamente programado para economizar energia, tenta usar o Sistema 1 para tudo.

Na maioria das vezes, o Sistema 2 está apenas "assinando embaixo" das decisões que o Sistema 1 já tomou emocionalmente.

O Cenário Clássico: Você vê um carro novo. O **Sistema 1** grita: *"Lindo! Demais! Eu mereço! Meus vizinhos vão invejar!"*. O **Sistema 2** deveria entrar e dizer: *"Espere, a manutenção é cara, o IPVA é alto e não cabe no orçamento."* Mas, muitas vezes, o Sistema 2, preguiçoso, vira advogado do Sistema 1 e racionaliza: *"Bem, o meu carro atual pode dar problema logo... e a taxa de juros está 'promocional'... é um investimento em segurança."*

Pronto. A emoção decidiu, a razão apenas justificou. Isso é a **racionalidade limitada**.

Como a "Irracionalidade" Afeta seu Bolso

Quando o Sistema 1 está no comando sem supervisão, caímos no que chamamos de **Vieses Cognitivos** (atalhos mentais). Aqui estão os mais perigosos para suas finanças:

1. **Viés do Presente:** O Sistema 1 quer prazer agora. Guardar dinheiro para o futuro é um conceito abstrato que exige esforço do Sistema 2. Por isso, gastamos tudo hoje.
2. **Aversão à Perda:** A dor de perder R$100 é psicologicamente duas vezes mais intensa do que a alegria de ganhar R$100. O Sistema 1 nos faz manter investimentos ruins por medo de realizar o prejuízo, ou não investir por medo de risco.

3. **Efeito Manada:** O Sistema 1 busca segurança social. Se "todo mundo" está comprando criptomoedas ou imóveis na planta, o Sistema 1 assume que é seguro, dispensando a análise crítica do Sistema 2.

Retomando o Controle

A "Premissa" deste método diz que você é o responsável pelo seu futuro. Isso significa que você precisa forçar o Sistema 2 a trabalhar, mesmo que ele não queira. Como?

1. **Crie Fricção:** Dificulte a ação do Sistema 1. Tire o cartão de crédito do preenchimento automático do navegador. Obrigue-se a esperar 24h antes de qualquer compra não planejada. Isso dá tempo para o Sistema 2 "acordar".
2. **Automatize o "Bem":** Já que somos preguiçosos, use isso a seu favor. Configure investimentos automáticos no dia que o salário cai. Se o dinheiro sumir da conta antes do Sistema 1 vê-lo, você não o gastará.
3. **Regras de Bolso (Heurísticas Positivas):** Crie regras simples para o Sistema 1 seguir. Exemplo: *"Eu nunca compro nada parcelado"* ou *"Se custa mais de X horas do meu trabalho, eu não compro"*.

Conclusão: Você não é irracional por natureza, você é humano. A "falta de racionalidade" é apenas o seu cérebro tentando economizar energia. O segredo da riqueza não é eliminar as emoções (impossível), mas sim criar um ambiente onde o seu Sistema 2 possa supervisionar o Sistema 1 antes que ele tome a decisão rápida.

Mais um pouco de Irracionalidade - Exemplo da Loteria:

Como Estatístico graduado na Universidade Federal do Rio Grande do Sul, eis o meu exemplo preferido: imagine que as chances de ganhar na loteria são de 1 em 50 milhões (50.063.860 possíveis combinações, para ser exato) o que equivale praticamente a acertar 6 números sorteados entre 60 números ao total. Essa é uma probabilidade extremamente baixa de 0,000002%, o que é quase zero na prática. Você conhece algum banco brasileiro que oferece esse jogo? Tenho certeza que sim.

De forma racional, você deveria pensar: "É quase impossível ganhar, então não vale a pena gastar meu dinheiro!"

No entanto, por causa da ponderação de probabilidades, o que acontece é o seguinte:

- Superestimamos a baixa probabilidade de ganhar: A mente humana tende a dar um peso desproporcional a eventos muito raros, especialmente quando o resultado é muito desejável. A ideia de "ser a pessoa sortuda que ganhou o prêmio milionário" é tão atraente que superestimamos as chances de isso acontecer, mesmo sabendo que são minúsculas. A visão de “ser rico” anula a matemática.

- Ignoramos a alta probabilidade de perder: Ao mesmo tempo, subestimamos a certeza (probabilidade altíssima) de que vamos perder o dinheiro investido. A maioria das pessoas não foca no fato de que, em 49.999.999 das 50 milhões de vezes, elas não vão ganhar nada.

Em resumo: A ponderação de probabilidades na loteria significa que, embora as chances de ganhar sejam praticamente nulas, nós as inchamos mentalmente devido ao desejo do prêmio, e encolhemos a certeza quase absoluta de perder nosso investimento. É por isso que milhões de pessoas continuam jogando, mesmo com as chances contra elas.

O trabalho de Kahneman escancarou a porta para entender que decisões financeiras e os mercados financeiros não são habitados apenas por pessoas perfeitamente racionais, mas por seres humanos com vieses e irracionalidades inerentes.

Richard Thaler e a Economia Comportamental em Ação

Richard Thaler, laureado com o Prêmio Nobel de Economia em 2017, pegou as descobertas de Kahneman e Tversky e as aplicou de forma brilhante ao campo econômico e financeiro. Ele é considerado outro "pai" das Finanças Comportamentais, levando esses insights do ambiente acadêmico para a prática e influenciando políticas públicas e o design de produtos financeiros.

Thaler focou em como os **vieses cognitivos** afetam as decisões financeiras diárias das pessoas. Algumas de suas contribuições mais notáveis incluem:

Contabilidade Mental: é um conceito que explica como cada um de nós, sem perceber, divide o dinheiro em "gavetas" ou "categorias" diferentes na nossa mente, mesmo que, na realidade, todo dinheiro seja a mesma coisa. É como se tivéssemos um espaço para cada tipo de dinheiro.

Pense assim: Imagine que você tem R$1.000 no banco. Para a matemática, é só R$1.000. Mas na sua cabeça, esse dinheiro pode estar em várias "gavetas":

- **Gaveta 1:** "Dinheiro do salário" – Esse você usa para pagar as contas, o aluguel, o mercado. É o dinheiro "sério".
- **Gaveta 2:** "Dinheiro da renda extra" – Se você ganhou R$100 vendendo doces no trabalho ou achou R$50 no bolso de uma calça antiga. Esse dinheiro é visto como "extra", "fácil", e você pode se sentir mais à vontade para gastá-lo com algo supérfluo ou um presente para si mesmo, mesmo que não precisasse.
- **Gaveta 3:** "Dinheiro da poupança para a casa" – Esse dinheiro é intocável, você não pensa em gastar.
- **Gaveta 4:** "Dinheiro para o lazer" – Um valor que você reservou especificamente para sair, ir ao cinema, etc.

A questão é que, mesmo que todo esse dinheiro seja apenas "dinheiro", a gente trata cada gaveta de forma diferente.

Exemplo: Você pode estar lutando para economizar dinheiro da sua "gaveta do salário" para o futuro, mas, ao mesmo tempo, gastar o dinheiro da "gaveta da renda extra" sem pensar, desperdiçando em algo que você nem precisava tanto. Ou, pior, você pode ter dívidas no cartão de crédito (dinheiro da "gaveta das dívidas") e, ao mesmo tempo, ter dinheiro guardado na "gaveta da poupança" que não quer mexer.

A contabilidade mental nos mostra que a origem do dinheiro (como ele foi ganho ou para que ele foi inicialmente destinado) e a categoria mental que atribuímos a ele influenciam como o gastamos ou guardamos, mesmo que não faça sentido financeiro.

Efeito Dotação - A Valorização Do que Eu Tenho

O Efeito Dote é uma ideia bem simples que explica por que a gente tende a dar mais valor a algo só porque já é nosso, mesmo que o valor de mercado não tenha mudado. É como se, ao possuir algo, a gente automaticamente achasse que ele vale mais do que se não o tivéssemos.

Pense assim: Imagine que você tem um ingresso para um show que esgotou. Você pagou R$100 por ele.

- Se alguém te oferecer R$150 pelo ingresso, você pode pensar: "Hmm, até que é um lucro bom, mas é o meu ingresso, e eu quero muito ir!" e talvez nem venda.

Agora, imagine a situação inversa:

- Você não tem o ingresso, e alguém está vendendo um por R$150. Você pode pensar: "R$150? É caro demais, não vale a pena!"

Mesmo que o ingresso seja exatamente o mesmo, o fato de possuir algo faz com que a gente atribua um valor sentimental e econômico maior a ele.

Por que isso acontece?

- **Aversão à perda:** A gente detesta perder o que já tem. Vender algo que já é nosso parece uma "perda", e a dor dessa perda é **maior** que o prazer de um ganho (o dinheiro da venda).
- **Vínculo emocional:** Criamos um apego, mesmo que pequeno, aos nossos pertences.

O Efeito Dote nos ajuda a entender por que é tão difícil se desfazer de objetos antigos, por que investidores seguram ações que deveriam vender, ou por que vendedores superestimam o valor de seus imóveis.

Efeito Enquadramento (*Framing*):

O enquadramento é uma ideia que mostra como a forma como uma informação é apresentada (ou "enquadrada") pode mudar completamente a nossa decisão, mesmo que a informação em si seja a mesma.

É como se a gente visse a mesma foto, mas com molduras diferentes: a moldura muda como a gente sente e pensa sobre a foto, mesmo que a foto seja idêntica.

Imagine que você está no hospital internado e precisa de uma cirurgia. O médico te apresenta os seguintes cenários:

- **Cenário A** (Enquadramento Positivo): "Temos um procedimento com **90% de taxa de sucesso**. Ou seja, de cada 100 pacientes, 90 se recuperam completamente."
- **Cenário B** (Enquadramento Negativo): "Temos um procedimento onde **10% dos pacientes não sobrevivem**. Ou seja, de cada 100 pacientes, 10 vêm a óbito."

Qual cenário parece mais seguro e te deixaria mais confortável para fazer a cirurgia?

A maioria das pessoas escolheria o **Cenário A**. No entanto, a informação é exatamente a mesma! Salvar 90% das vidas é o mesmo que 10% não sobreviverem.

Por que isso acontece?

Nossa mente reage de forma diferente a **ganhos** (taxa de sucesso) e a **perdas** (taxa de mortalidade). Quando a informação é apresentada de forma positiva (foco no que se ganha ou no sucesso), nos sentimos mais seguros e propensos a aceitar. Quando é apresentada de forma negativa (foco no que se perde ou no fracasso), tendemos a ser mais avessos ao risco e a evitar a situação.

Esse efeito é muito usado em marketing, política e até em como as notícias são contadas, porque sabem que a "moldura" da mensagem tem um poder enorme sobre a nossa percepção e decisão.

Nudge - o Poder do Empurrãozinho:

O "empurrão" (em inglês: *Nudge*) é uma ideia inteligente que explica como pequenas mudanças no ambiente ou na forma como as escolhas são apresentadas podem guiar as pessoas para tomarem decisões melhores, sem tirar a liberdade delas. É como dar um "empurrãozinho" gentil na direção certa.

A grande questão é que ele não obriga, proíbe ou muda os incentivos financeiros. Ele apenas torna uma opção mais fácil, óbvia ou padrão.

Pense no seguinte exemplo:

Situação: Uma empresa quer que seus funcionários poupem mais para a aposentadoria.

- Abordagem Tradicional (e menos eficaz): A empresa informa os funcionários sobre um plano de aposentadoria e sugere que eles se inscrevam ativamente, preenchendo formulários, escolhendo porcentagens, etc.

Resultado: Muitos funcionários adiam ou simplesmente não se inscrevem por preguiça, complexidade ou falta de tempo.

- Abordagem com "Empurrão": A empresa muda a forma de inscrição. Agora, todos os novos funcionários são **automaticamente inscritos** no plano de aposentadoria (com uma pequena porcentagem do salário descontada), mas têm a **opção de sair a qualquer momento** se não quiserem participar.

Resultado: A taxa de participação no plano de aposentadoria dispara! Muitas pessoas, por inércia ou por achar que "já está lá, então tudo bem", continuam no plano e poupam mais, mesmo que pudessem sair.

Por que isso funciona?

O *Nudge* se aproveita de alguns comportamentos humanos:

- **Inércia:** A gente tende a manter o "status quo", ou seja, o que já está definido. É mais fácil não fazer nada do que fazer algo (mesmo que seja para cancelar).
- **Aversão à escolha:** Muitas pessoas preferem não ter que tomar uma decisão ativa, especialmente se for algo que consideram complicado.

O "empurrão" é uma ferramenta poderosa usada por governos e empresas para ajudar as pessoas a fazerem escolhas que são boas para elas, em áreas como saúde, finanças e meio ambiente, entre outras, sem que elas se sintam forçadas. O *Nudge* garante a liberdade de escolha individual e ainda garante bons resultados coletivos.

As Crenças sobre o Dinheiro: O Alicerce Psicológico

A educação financeira, em sua essência, vai muito além de planilhas, investimentos e orçamentos. No cerne de nossa relação com o dinheiro, estão profundas e muitas vezes inconscientes crenças. Estas não são meras opiniões, mas sim convicções que moldam nossos pensamentos, emoções e, consequentemente, nossas ações financeiras. Derivadas de nossa história pessoal, familiar e cultural, as crenças sobre o dinheiro atuam como verdadeiros filtros perceptivos, determinando se enxergamos a prosperidade como algo alcançável, se o dinheiro é uma fonte de alegria ou de problemas, ou se merecemos abundância. Entender e confrontar essas crenças é o primeiro passo crucial para reescrever sua história financeira e edificar uma relação mais saudável e consciente com a riqueza.

O Que São Crenças sobre o Dinheiro?

Crenças sobre o dinheiro são as verdades que aceitamos como absolutas em relação à riqueza, ao trabalho, à poupança, ao gasto e ao endividamento. Elas podem ser:

- crenças positivas ou limitantes;
- crenças conscientes ou inconscientes;
- crenças herdadas ou adquiridas.

Nossas crenças sobre o dinheiro são como lentes através das quais enxergamos e interagimos com o mundo financeiro.

Elas podem ser positivas, impulsionando-nos rumo à prosperidade, ou limitantes, criando barreiras invisíveis ao nosso progresso.

Crenças Positivas:

São convicções que nos empoderam, nos motivam e abrem caminhos para a abundância e a segurança financeira. Elas refletem uma mentalidade de crescimento e oportunidade em relação ao dinheiro.

Exemplo 1 (Abundância e Possibilidade):

- "Sempre há oportunidades para criar e atrair mais dinheiro."
- "O dinheiro é uma ferramenta poderosa para realizar meus sonhos e impactar positivamente o mundo."
- "Eu sou capaz de aprender e crescer financeiramente, independentemente do meu ponto de partida."

Exemplo 2 (Valor e Merecimento):

- "Eu mereço ter prosperidade e abundância na minha vida."
- "Meu trabalho e meu valor são recompensados financeiramente."

- "Receber dinheiro me faz sentir grato e me permite compartilhar."

Exemplo 3 (Gestão e Controle):

- "Eu sou bom em gerenciar meu dinheiro e fazê-lo crescer."
- "Organizar minhas finanças me traz paz de espírito e liberdade."
- "É divertido e gratificante planejar meu futuro financeiro."

Crenças Limitantes:

São convicções que nos restringem, geram medo, culpa ou desânimo, e nos impedem de alcançar nosso potencial financeiro. Elas frequentemente se manifestam como autossabotagem ou paralisação diante de desafios financeiros.

Exemplo 1 (Escassez e Dificuldade):

- "Dinheiro não dá em árvore; é muito difícil de ganhar."
- "Nunca terei dinheiro suficiente, por mais que eu trabalhe."

- "Para ter dinheiro, é preciso ter sorte ou ser desonesto."

Exemplo 2 (Desmerecimento e Culpa):

- "Eu não mereço ser rico; dinheiro não é para mim."
- "Pessoas ricas são egoístas e gananciosas."
- "Se eu tiver muito dinheiro, as pessoas vão se afastar ou pedir emprestado."
- "Gastar dinheiro para mim é sempre culpa ou desperdício."

Exemplo 3 (Dívida e Descontrole):

- "Eu sempre acabo endividado, é o meu destino."
- "Não importa o que eu faça, meu dinheiro sempre escorre pelas minhas mãos."
- "Ter dinheiro traz mais problemas e preocupações do que paz."
- "É preciso ter dívidas para conseguir ter algo na vida."

Crenças Conscientes:

São aquelas que você consegue verbalizar, que estão na sua mente de forma clara e que você, de alguma forma, já reconheceu ou pensou sobre elas.

Exemplo 1: "Eu acredito que é importante poupar 10% do meu salário todo mês para a minha aposentadoria."

Exemplo 2: "Dinheiro traz liberdade e me permite ajudar as pessoas que amo."

Exemplo 3: "Se eu não trabalhar duro, não mereço ter dinheiro."

Exemplo 4: "Investir na bolsa de valores é arriscado e não é para mim."

Crenças Inconscientes:

Essas são as mais difíceis, pois operam abaixo do nosso “radar”. Elas foram internalizadas tão profundamente (muitas vezes na infância ou através de experiências repetidas) que se tornaram "verdades absolutas" que guiam nosso comportamento sem que tenhamos consciência delas. Elas se manifestam em padrões de comportamento, reações emocionais e decisões impulsivas ou repetitivas.

Exemplo: Uma pessoa que, sempre que recebe um dinheiro extra (bônus, restituição de imposto, etc), sente uma necessidade incontrolável de gastá-lo rapidamente, muitas vezes com coisas desnecessárias, e depois se arrepende.

- *Crença Inconsciente Possível:* "Dinheiro que vem fácil, vai fácil" ou "Não sou bom em guardar dinheiro" ou "Preciso me livrar do dinheiro para não ter problemas".

Exemplo: Alguém que tem medo de falar sobre dinheiro, de negociar um salário melhor ou de cobrar por seus serviços, mesmo sabendo que merece mais.

- *Crença Inconsciente:* "Falar sobre dinheiro é feio/ganancioso" ou "Não sou digno de ter muito dinheiro" ou "Dinheiro estraga as relações".

Exemplo: Uma pessoa que, mesmo ganhando bem, vive endividada e sente que "nunca tem o suficiente", sempre buscando um novo empréstimo ou parcelamento.

- *Crença Inconsciente:* "Eu preciso de dívidas para ter o que quero" ou "A vida é uma luta financeira constante" ou "Não importa quanto eu ganhe, sempre faltará".

Exemplo: Alguém que evita investir ou sequer aprender sobre investimentos, mesmo com recursos e oportunidades, sentindo uma aversão inexplicável ao risco.

- *Crença Inconsciente:* "Investir é para os outros, não para mim" ou "Vou perder tudo se eu investir" (baseado talvez em uma experiência familiar ou história de fracasso alheio).

A chave para identificar crenças inconscientes é observar padrões de comportamento financeiro repetitivos e emoções fortes (ansiedade, culpa, medo, frustração) que surgem em relação ao dinheiro, mesmo que a lógica diga o contrário. A auto-observação e a reflexão são ferramentas poderosas para trazer essas crenças à consciência.

Crenças Herdadas e Adquiridas:

A formação de nossas crenças financeiras é um processo multifatorial e contínuo, enraizado em diversas fontes:

- **Infância e Ambiente Familiar:** As mensagens que recebemos de pais, avós e outros cuidadores durante a infância são poderosas. Observar como eles lidavam com dinheiro, as frases que proferiam ("Dinheiro não dá em árvore", "Somos pobres, mas honestos", "É preciso trabalhar muito para ter dinheiro") e as emoções associadas (medo, escassez, culpa) deixam marcas profundas.

- **Experiências Pessoais:** Traumas financeiros (falências, dívidas, perdas), sucessos inesperados ou fracassos repetidos podem solidificar certas crenças.
- **Cultura e Sociedade:** A forma como a sociedade em geral retrata o dinheiro (em filmes, noticiários, conversas informais), a valorização do consumismo, a visão sobre a riqueza e a pobreza, tudo isso contribui para o nosso sistema de crenças.
- **Educação Formal e Informal:** A ausência de educação financeira nas escolas, ou a aprendizagem por tentativa e erro, também modela a percepção sobre o dinheiro.

O Impacto das Crenças nas Decisões Financeiras

As crenças atuam como um guia interno, direcionando nossas escolhas financeiras:

- **Na Renda:** Crenças de desmerecimento podem impedir a pessoa de buscar promoções, negociar salários mais altos ou empreender.
- **No Orçamento:** Uma crença de escassez pode levar à dificuldade de visualizar abundância, fazendo com que a pessoa sempre sinta que "não há dinheiro para nada", mesmo com um bom salário.

- **Na Reserva de Emergência:** A crença de que "dinheiro é para gastar" ou "nunca terei o suficiente para poupar" impede a construção de reservas.
- **No Investimento:** O medo do risco, alimentado por crenças de que "investir é só para quem tem muito" ou "vou perder tudo", paralisa a busca por multiplicação do capital.
- **No Endividamento:** Crenças de que "o dinheiro sempre vai dar um jeito de aparecer" ou "preciso ter tudo agora" podem levar ao descontrole financeiro e à dependência do crédito.

Transformando Crenças Limitantes em Crenças Empoderadoras

A boa notícia é que as crenças não são eternas. O processo de transformação exige autoconsciência, reflexão e prática. Vamos praticar? Dedique alguns minutos para responder cada uma das questões a seguir:

- **Identifique Suas Crenças:** Observe seus pensamentos e frases recorrentes sobre dinheiro. Quando se sente desconfortável com dinheiro? Quais são suas memórias financeiras da infância?
- **Questione a Validade:** Pergunte-se: "Essa crença é realmente verdadeira? Ela me ajuda ou me limita? Qual a evidência para eu ter ela?"

- **Ressignifique e Reformule:** Transforme as crenças limitantes em afirmações positivas. Por exemplo, de "Dinheiro é difícil de ganhar" para "Dinheiro flui para mim quando ofereço algum valor".
- **Crie Novas Experiências:** Aja de forma consistente com as novas crenças. Se a crença é "não consigo poupar", comece poupando uma quantia mínima e celebre essa conquista. A experiência real reforça a nova crença.
- **Cerque-se de Novas Referências:** Busque contato com pessoas que têm uma relação saudável e abundante com o dinheiro. Consuma conteúdos que promovam uma mentalidade de educação financeira e prosperidade.
- **Pratique a Gratidão:** Seja grato pelo dinheiro que você tem e pelas oportunidades, mesmo as pequenas. A gratidão muda o foco da escassez para a abundância.

O que podemos concluir?

A parceria intelectual, direta e indireta, entre Kahneman e Thaler transformou o mundo das finanças pessoais. Eles não apenas validaram a intuição de que somos seres imperfeitos ao lidar com dinheiro, mas também forneceram uma estrutura científica rigorosa para entender por que somos imperfeitos. Suas pesquisas abriram caminho para uma compreensão mais realista do comportamento do investidor, do consumidor e dos mercados financeiros.

Hoje, as “Finanças Comportamentais” são um campo estabelecido, influenciando desde a criação de produtos financeiros mais intuitivos até a concepção de políticas que visam melhorar a tomada de decisões financeiras para o benefício individual e coletivo. O trabalho de Kahneman e Thaler nos lembra que, para entender o dinheiro, precisamos primeiro entender a mente humana.

Ao final deste capítulo, espero que você compreenda que a jornada da Educação Financeira e Finanças Pessoais é, em grande parte, uma jornada de autodescoberta e redefinição de sua relação com o dinheiro ao longo de toda a sua vida. As crenças que carregamos são poderosas, mas não são sentenças definitivas. Ao identificá-las, questioná-las e ativamente substituí-las por convicções que empoderam, você pavimenta o caminho para não apenas gerenciar melhor suas finanças, mas para construir uma vida de abundância e propósito, alinhada aos seus mais verdadeiros desejos e valores.

Lembre-se: o dinheiro é uma ferramenta, e a forma como você o utiliza reflete as crenças que você tem sobre si mesmo e sobre o mundo.

Princípio 2: Gaste Menos do que Você Ganha

Se a educação financeira tivesse apenas uma única regra para ser aplicada, seria esta: gaste menos do que você ganha. Parece simples, quase óbvio, mas a verdade é que dominar este princípio pode ser o grande divisor de águas entre a instabilidade financeira e a construção da sua prosperidade. É a fundação sobre a qual todos os outros pilares – poupança, investimento, quitação de dívidas – se apoiam. Neste capítulo, vamos desvendar por que essa regra é tão crucial, como a negligência dela pode gerar um ciclo vicioso de endividamento e como você pode, de forma prática e consciente, alinhar suas despesas à sua renda, abrindo as portas para um futuro financeiro mais seguro e abundante.

Por que esta regra é tão importante?

Este princípio não é apenas uma diretriz, mas uma "lei" das finanças pessoais. Quando você consistentemente gasta mais do que sua renda, você entra em um ciclo que inevitavelmente leva a:

- **Endividamento Crônico:** Para cobrir o excesso de gastos, você recorre a empréstimos, cartão de crédito e cheque especial, acumulando juros e criando uma bola de neve.

- **Ausência de Poupança:** Não sobra dinheiro para construir uma reserva de emergência, investir para o futuro ou realizar seus sonhos.
- **Dependência:** Você se torna refém de sua próxima receita, sem liberdade para fazer escolhas ou lidar com imprevistos.
- **Estresse:** A constante preocupação com as contas e a falta de recursos geram ansiedade e impactam negativamente sua qualidade de vida e saúde.

Por outro lado, ao gastar menos do que ganha, você cria um ciclo de prosperidade, que é a verdadeira base da riqueza. Esse superávit permite que você:

- **Construa sua Reserva de Emergência:** Tenha um colchão financeiro para imprevistos.
- **Poupe para Objetivos:** Conquiste sonhos como casa, carro, viagem, educação, entre outros.
- **Invista e Multiplique seu Patrimônio:** Faça seu dinheiro trabalhar para você, acelerando sua jornada rumo à liberdade financeira.
- **Reduza Dívidas:** Tenha recursos para quitar débitos e se livrar de juros abusivos.
- **Tenha Mais Liberdade e Paz:** Tome decisões com mais tranquilidade e reduza o estresse.

Onde o Erro Acontece: Os Vilões do Equilíbrio Financeiro

Se a regra é tão simples, por que é tão difícil de seguir para muitos? A resposta reside em alguns "vilões" comuns:

- **Falta de Conhecimento do Orçamento:** Muitos não sabem exatamente quanto ganham e, principalmente, para onde cada centavo vai. A ausência de controle é o primeiro passo para o desequilíbrio.
- **Consumo Impulsivo e Emocional:** Gastar para aliviar o estresse, compensar frustrações, celebrar em excesso ou seguir tendências, sem uma análise racional da necessidade ou impacto financeiro.
- **Falta de Planejamento de Metas:** Sem objetivos claros, o dinheiro que sobra (ou que poderia sobrar) perde a direção e acaba sendo gasto sem propósito.
- **Pressão Social e Comparação:** O desejo de manter um padrão de vida que não condiz com a renda, influenciado pela comparação com amigos, familiares ou o que é exibido nas redes sociais.
- **Crédito Fácil e Juros Altos:** A facilidade de acesso a linhas de crédito (cartão de crédito etc) e a ilusão de que "parcelar resolve" mascaram o gasto excessivo, com juros que corroem a renda futura.

Da Teoria à Prática: Como Gastar Menos do que Você Ganha

Colocar este princípio em prática exige disciplina e um plano de ação claro.

Conheça Seus Números (Orçamento):

- **Ação:** O primeiro passo é saber exatamente quanto dinheiro entra (renda líquida) e quanto dinheiro sai (despesas).
- **Interação:** Use uma folha de papel ou uma Planilha no celular ou computador. Registre tudo por pelo menos 30 dias. É importante fazer essa atividade manualmente algumas vezes até se tornar algo simples e automático para você.
- **Exemplo:** João ganha R$4.000 por mês. Depois de registrar os valores em uma lista, ele descobriu que gasta R$1.500 com moradia, R$800 com alimentação, R$700 com transporte, R$500 com lazer e R$600 com outras despesas. Total: R$4.100. João gasta **mais** do que ganha. É necessário corrigir o rumo dele!

Identifique Onde o Dinheiro Está Vazando:

- **Ação:** Analise seu orçamento. Quais são as despesas fixas e variáveis? Onde você pode reduzir? Pequenos gastos diários (cafezinhos, lanches, assinaturas não utilizadas) somam muito no final do mês.
- **Exemplo:** João percebeu que gasta R$200/mês em aplicativos de streaming que quase não usa e R$150 em lanches diários.

- **Interação:** Identifique 3 gastos que você pode cortar ou reduzir imediatamente sem grande impacto na sua qualidade de vida.

Corte, Reduza e Renegocie:

- **Ação:** Seja implacável com o que não é essencial e negocie o que puder.
- **Exemplo:** João cancelou duas assinaturas de streaming (economizou R$100) e passou a levar lanche de casa (economizou R$100). Só aí, já economizou R$200, diminuindo seu gasto para R$3.900. Agora, ele gasta **menos** do que ganha!
- **Interação:** Pense na sua maior economia do mês. Como você conseguiu reduzir um gasto significativo?

Priorize e Planeje Suas Metas:

- **Ação:** Direcione o "excedente" para poupança e investimentos, com foco nas suas metas. Pague-se primeiro!
- **Exemplo:** Os R$100 que sobraram agora podem ir para sua reserva de emergência.
- **Interação:** Defina uma meta de curto prazo (ex: juntar para uma viagem) e uma de longo prazo (ex: juntar para um imóvel). Quanto você precisa poupar mensalmente para cada uma?

Aumente Sua Renda:

- **Ação:** Embora o foco do capítulo seja "gastar menos", buscar formas de aumentar a renda é um acelerador poderoso da sua evolução.
- **Exemplo**: renda extra com vendas de produtos ou serviços, novo emprego, sociedade para negócios)
- **Interação:** Acompanhe conteúdos sobre renda extra, desenvolvimento profissional etc. Essa compreensão vai abrir muitas possibilidades para você. Lembre-se: É melhor feito do que perfeito!

Mas afinal: devemos Gastar Menos ou Ganhar Mais?

"Gaste menos do que você ganha" (A Defesa)

Esta é a abordagem tradicional, o "feijão com arroz" das finanças pessoais.

- **O Foco:** Está na redução e no corte.
- **A Psicologia:** Apela para a disciplina, o autocontrole e, muitas vezes, para a **Escassez**. Pode gerar a sensação de privação constante.
- **O Limite Matemático:** Existe um "piso". Você só pode cortar gastos até chegar ao nível de subsistência. Você

não pode gastar menos de zero. Logo, o potencial de acumulação por essa via é limitado.

- **Para quem é:** Essencial para quem está endividado ou começando do zero absoluto. É o torniquete para estancar a sangria.

O perigo: Viver apenas sob este mantra pode criar um "avarento", alguém que tem medo de investir em si mesmo ou desfrutar da vida, e que nunca enriquece de verdade porque a capacidade de poupança é pequena.

"Ganhe mais do que você gasta" (O Ataque)

Esta é a abordagem de crescimento e expansão.

- **O Foco:** Está no numerador, na receita, na venda, na criação de valor.
- **A Psicologia:** Apela para a criatividade, ambição, *networking* e Abundância. É motivador porque o objetivo é o crescimento, não a retração.
- **O Limite Matemático:** Teoricamente, não existe teto. Você pode escalar sua renda 10x, 100x ou 1000x através de negócios ou investimentos. O potencial é ilimitado.
- **Para quem é:** Para quem já tem as contas controladas e quer acelerar a independência financeira.

O perigo: Muitas pessoas focam só em ganhar mais, mas aumentam o padrão de vida na mesma velocidade. Se você ganha R$50.000 e gasta os mesmos R$50.000, você é tão "pobre" (em fluxo de caixa livre) quanto quem ganha R$2.000 e gasta R$2.000.

A Síntese Perfeita (O "*Gap*")

Não se trata de escolher um ou outro, mas de entender a fase da sua vida financeira. A mágica acontece no *Gap* (a diferença) entre as duas curvas.

Fase 1 (Iniciante): "Gaste menos do que ganha". É a base. Sem isso, o balde furado não enche, não importa a força da torneira.

Fase 2 (Avançado): "Mantenha o gasto fixo e ganhe mais".

Aqui está o segredo dos "ricos": eles travam o padrão de vida (Fase 1) enquanto aplicam energia total em aumentar a renda (Fase 2). Todo o excedente novo vai para o patrimônio, não para o consumo.

Cortar gastos te impede de ser pobre. Aumentar a renda é o que te faz rico. Mas a distância entre os dois é o que te faz financeiramente livre.

O que podemos concluir?

Ao final deste capítulo, fica mais claro que a regra de "gastar menos do que se ganha" não é apenas uma sugestão matemática, mas o pilar central de toda a sua saúde financeira. Podemos concluir que a riqueza não é medida pelo quanto você ganha (seu salário), mas sim pelo quanto você guarda (sua margem).

Se você gasta tudo o que ganha, você está correndo em uma esteira: faz muito esforço, mas não sai do lugar. Se você gasta *mais* do que ganha, está andando para trás, criando dívidas que aprisionam o seu futuro.

A grande conclusão é que a diferença positiva entre sua receita e sua despesa é a "semente" da sua liberdade. Esse valor que sobra não deve ser visto como "dinheiro para gastar no fim do mês", mas sim como a matéria-prima para construir seus sonhos. É esse excedente que, quando investido, vai trabalhar para você.

Portanto, o segredo das **Finanças Pessoais** começa aqui: viver um degrau abaixo das suas possibilidades hoje, para garantir que você possa subir muitos degraus amanhã.

Princípio 3: Crie o seu orçamento planejado

O próximo princípio da educação financeira, "crie o seu orçamento", é como um mapa para suas finanças. Assim como um GPS te guia por um caminho, um orçamento te orienta para alcançar seus objetivos financeiros.

Um orçamento é mais do que apenas uma lista de números; é um retrato detalhado de sua saúde financeira. Ele te mostra onde seu dinheiro está indo e te ajuda a identificar áreas onde você pode economizar. Ao criar um orçamento, você está, na verdade, tomando o controle de suas finanças e estabelecendo um plano para o seu futuro.

Para construir um bom orçamento, é importante **entender as diferenças entre necessidades e desejos**. Essa distinção pode parecer simples, mas é fundamental para tomar decisões financeiras conscientes e evitar gastos impulsivos.

Por que é importante diferenciar necessidades de desejos?

- **Priorização de gastos:** Ao identificar o que é essencial para sua sobrevivência e bem-estar (necessidades) e o que é supérfluo (desejos), você pode priorizar seus gastos e direcionar seu dinheiro para aquilo que realmente importa.

- **Evitar o consumo impulsivo:** Muitas vezes, confundimos desejos com necessidades, o que nos leva a fazer compras por impulso e comprometer nosso orçamento. Ao entender a diferença entre os dois, você pode resistir à tentação de gastar dinheiro em coisas que não são essenciais.
- **Alinhamento com seus objetivos:** Ao diferenciar necessidades de desejos, você pode alinhar seus gastos com seus objetivos financeiros a longo prazo.
- **Maior satisfação:** Ao gastar seu dinheiro em coisas que realmente importam para você, você terá maior satisfação e bem-estar.

Como diferenciar necessidades de desejos?

- **Faça uma lista:** Anote tudo o que você gostaria de comprar e, em seguida, classifique cada item como necessidade ou desejo.
- **Pergunte-se:** Ao considerar cada item, pergunte-se se você realmente precisa daquele produto ou serviço para sobreviver ou se você apenas o deseja.
- **Pense a longo prazo:** Considere o impacto de cada compra no seu futuro financeiro.
- **Seja honesto consigo mesmo:** É importante ser honesto ao avaliar suas necessidades e desejos.

Entender a diferença entre necessidades e desejos é um passo fundamental para alcançar a sua liberdade financeira. Ao priorizar seus gastos e evitar compras impulsivas, você estará mais próximo de seus objetivos e terá uma vida financeira mais saudável.

Por que criar um orçamento detalhado é tão importante?

- **Consciência sobre gastos:** Ao registrar todas as suas receitas e despesas, você se torna mais consciente de para onde seu dinheiro está indo.
- **Identificação de vazamentos financeiros:** Um orçamento te ajuda a identificar gastos desnecessários e encontrar oportunidades para economizar.
- **Planejamento para o futuro:** Com um orçamento, você pode definir metas financeiras e criar um plano para alcançá-las.
- **Redução do estresse:** Ao ter um controle sobre suas finanças, você se sentirá mais seguro e menos ansioso em relação ao dinheiro.
- **Tomada de decisões mais informadas:** Um orçamento permite tomar decisões financeiras mais conscientes e estratégicas.

Como criar um orçamento eficaz? Um pouco de método!

Liste todas as suas fontes de renda

O primeiro passo para o controle financeiro é o levantamento exato do fluxo de entrada de dinheiro. É fundamental trabalhar com a realidade dos números, e não com estimativas.

Detalhamento:

Renda Líquida vs. Bruta: utilizar sempre o valor líquido (o que efetivamente entra na conta após descontos de impostos, previdência e benefícios), pois este é o valor disponível para você.

Renda Fixa vs. Variável:

- *Renda Fixa:* Salários, aposentadorias ou pró-labores com valor predefinido.
- *Renda Variável/Eventual:* Comissões, bônus, trabalhos *freelance*, dividendos de investimentos ou aluguéis recebidos. Para rendas variáveis, recomenda-se utilizar uma média conservadora dos últimos seis meses ou considerar o menor valor recebido no período para evitar superestimar o orçamento.

Categorize seus gastos

A categorização permite a visualização de *onde* o dinheiro está sendo alocado, facilitando a identificação de gargalos e oportunidades de otimização.

Detalhamento:

- **Macrocategorias Iniciais:** Para evitar complexidade excessiva no início, sugira agrupar despesas em grandes blocos:
  - *Despesas Fixas:* Moradia (aluguel/condomínio), mensalidades (escola/internet), seguros. São custos recorrentes e previsíveis.
  - *Despesas Variáveis Essenciais:* Alimentação, transporte, farmácia. O consumo ocorre mensalmente, mas o valor oscila.
  - *Despesas Discricionárias (Lazer/Estilo de Vida):* Restaurantes, assinaturas de entretenimento, compras não essenciais.
- **Detalhamento Progressivo:** À medida que o leitor adquire o hábito de registrar, ele deve subdividir as categorias (ex: separar "Alimentação" em "Supermercado" e "Restaurantes") para uma análise mais refinada do custo de vida.

Compare receitas e despesas

Esta é a etapa de diagnóstico do fluxo de caixa pessoal. A equação fundamental é:

Receita Total - Despesas Totais = Saldo Final.

Análise de Cenários Possíveis:

- *Superavitário (Saldo Positivo):* As receitas superam as despesas. O excedente deve ser direcionado para investimentos ou reserva de emergência.
- *Equilibrado (Zero a Zero):* As receitas igualam as despesas. Situação de risco, pois não há margem para imprevistos.
- *Deficitário (Saldo Negativo):* As despesas superam as receitas. Indica endividamento ou consumo de reservas. Exige ação imediata de corte de gastos (focando nas despesas discricionárias) ou aumento de renda.

Estabeleça metas:

O orçamento não é um fim em si mesmo, mas uma ferramenta para atingir objetivos. As metas dão propósito à disciplina financeira e orientam a alocação de recursos.

- **Metodologia:** As metas devem ser Específicas, Mensuráveis, Atingíveis, Relevantes e Temporais.
- **Divisão Temporal:**
    - *Curto Prazo (até 1 ano):* Criação de reserva de emergência, quitação de dívidas de cartão de crédito, pequenas compras.

    - *Médio Prazo (1 a 5 anos):* Troca de veículo, viagens internacionais, entrada em imóvel.
    - *Longo Prazo (acima de 5 anos):* Aposentadoria, independência financeira, custeio da educação superior dos filhos.
- **Priorização:** O leitor deve definir qual parcela da renda será destinada a cada meta antes de realizar os gastos variáveis (conceito de "pagar-se primeiro").

Vamos refletir sobre três perfis de trabalhadores abaixo. Faça a leitura como se você fosse cada um dos casos e reflita se faz sentido os valores em discussão.

Exemplo A: O Funcionário CLT

Para este perfil, que possui renda previsível, a meta mais comum e necessária é a construção da Reserva de Emergência.

Meta: Constituir uma reserva financeira de segurança equivalente a 6 meses de custos fixos.

- **Custo fixo mensal:** R$2.500
- **Valor Alvo da Meta:** R$15.000

Plano de Ação:

1. **Aporte Mensal:** Destinar 10% do salário líquido (R$352) mensalmente para um investimento de liquidez diária (renda fixa).
2. **Aportes Extraordinários:** Destinar 50% do 13º salário e 50% do adicional de férias para a reserva.
3. **Prazo Estimado:**
   - Aportes mensais (24 meses): R$8.448
   - Aportes extras (2 anos): R$6.552 (estimado)
   - **Conclusão:** Meta atingida em aproximadamente 2 anos.

- **Lição:** Metas financeiras não dependem apenas da sobra mensal, mas do uso inteligente das rendas extras que ocorrem durante o ano.

Exemplo B: O Autônomo ou Empreendedor

A pessoa precisa estabelecer metas que aumentem sua produtividade sem comprometer o fluxo de caixa com parcelamentos.

Meta: Adquirir novos equipamentos de trabalho (ex: notebook de alta performance e cadeira ergonômica) à vista.

- **Custo estimado:** R$8.000

Plano de Ação:

1. **Regra de Retenção:** Nos meses em que o faturamento superar a média (definida no passo 1), 50% do excedente será destinado a um Fundo de Equipamentos.
2. **Definição de Teto:** A meta não tem uma data fixa rígida, mas um gatilho financeiro. A compra só será efetuada quando o valor total estiver na conta.
3. **Estratégia de Proteção:** O dinheiro será alocado em um fundo de Renda Fixa de curto prazo para evitar que seja gasto com despesas pessoais.

- **Lição:** Para quem tem renda variável, vincular metas ao *excedente* de receita é mais seguro do que comprometer um valor fixo mensal que pode faltar nos meses fracos.

Exemplo C: O Servidor Público

Considerando o cenário anterior onde o servidor estava com 30% da renda comprometida com empréstimos, a meta prioritária é a recuperação da margem financeira.

Meta: Quitar antecipadamente o empréstimo consignado menor (Saldo devedor: R$12.000) para liberar dinheiro no fluxo mensal.

Plano de Ação:

1. **Suspensão de Novos Gastos:** Compromisso de não contrair novas dívidas ou parcelamentos por 18 meses.
2. **Venda de Ativos:** Venda de itens parados em casa (eletrônicos antigos, bicicleta não usada) com meta de arrecadar R$2.000 para abatimento imediato.
3. **Amortização Extra:** Utilizar a venda de 10 dias de férias (abono pecuniário) e a antecipação do 13º salário (se possível) para amortizar o saldo devedor do contrato.
4. **Prazo:** Reduzir o tempo de dívida de 48 meses para 18 meses através das amortizações.

- **Lição:** A meta de quitar dívidas deve atacar o *saldo devedor*, não apenas pagar a parcela. Ao antecipar pagamentos, você elimina juros futuros e recupera sua liberdade mensal mais rápido.

Revise seu orçamento regularmente:

O planejamento financeiro é dinâmico. A revisão periódica garante que o orçamento continue refletindo a realidade econômica do indivíduo e do mercado.

Detalhamento:

- **Ciclo de Controle:** Planejar, Executar, Verificar e Agir. A revisão mensal serve para comparar o "Orçado vs. Realizado".
- **Ajustes Necessários:**
  - *Correção de Desvios:* Se uma categoria estourou o teto de gastos, deve-se investigar a causa e compensar em outra área no mês seguinte.
  - *Atualização de Valores:* Ajustar o orçamento conforme a inflação (aumento de preços de supermercado/combustível) ou mudanças contratuais (reajuste de aluguel/planos de saúde).
  - *Reavaliação de Metas:* Verificar se o ritmo de poupança atual ainda é compatível com os prazos estipulados para as metas.

Medir para Compreender

A prática de criar um orçamento pessoal, utilizando ferramentas como cadernos, planilhas ou aplicativos especializados, é de grande importância para a sua saúde financeira e transcende a mera contabilidade de entradas e saídas de valores. Essa ação oferece uma visibilidade sobre o fluxo de dinheiro, permitindo que o indivíduo identifique exatamente para onde seus recursos estão sendo direcionados. Mais do que um registro, o orçamento é uma ferramenta estratégica que capacita a tomada de decisões conscientes, revelando padrões de consumo e oportunidades de otimização de gastos. Ao confrontar os números, o indivíduo ganha o poder de transformar "eu não sei para onde meu dinheiro vai" em "eu decido para onde meu dinheiro vai", tornando-se o verdadeiro protagonista de sua vida financeira. É essa prática contínua, apoiada por ferramentas acessíveis a você, que transforma a intenção de gastar menos do que se ganha em uma realidade tangível, pavimentando o caminho para a poupança, o investimento e a tão almejada liberdade financeira.

Lições da Simplicidade: Um Caso de Sucesso

Em um mundo onde o consumo é constantemente estimulado e a complexidade financeira dos noticiários parece dominar, é fácil esquecer que o princípio de "gastar menos do que se ganha" é atemporal e universal. Para ilustrar essa verdade, não precisamos olhar para os gurus de Wall Street na Bolsa de Valores, mas sim para a sabedoria acumulada por gerações de pessoas simples, muitas vezes ligadas à vida no campo, que conseguiram construir patrimônio através da disciplina e da consciência de seus recursos.

Exemplo Brasileiro: A Família Silva e a Riqueza da Essencialidade

Imagine a família Silva, moradores de uma pequena propriedade rural há décadas no interior do Brasil. Seu sustento vem da lavoura, da criação de pequenos animais e da venda do excedente na feira da cidade. A renda não é alta, mas é estável e previsível. No entanto, o que os diferencia é a sua abordagem fundamental em relação ao dinheiro e aos recursos.

- **Necessidade vs. Desejo:** Para eles, cada despesa é avaliada com rigor. Uma nova ferramenta só é comprada se a antiga não tiver mais conserto e for absolutamente essencial para o trabalho. Roupas são usadas até o fim de sua vida útil. Não há dívidas de consumo, pois entendem que "não se compra o que não se pode pagar". O prazer reside na colheita farta, na saúde dos animais e na união familiar, não na aquisição de bens supérfluos.

- **Aproveitamento Máximo:** Nada se perde. Os alimentos são plantados, colhidos e conservados. O que não é consumido, é vendido ou trocado. O conhecimento sobre reparos e manutenção é valorizado, reduzindo a necessidade de contratar serviços externos.
- **Autossuficiência e Provisão:** Eles cultivam seus próprios alimentos, o que reduz drasticamente os gastos com supermercado. Possuem uma reserva de grãos e suprimentos para os períodos de entressafra ou imprevistos. A ideia de "guardar para o inverno" é uma prática diária e constante.
- **Comunidade e Troca:** Valorizam o apoio mútuo na comunidade rural, trocando serviços e produtos com vizinhos, diminuindo a dependência do dinheiro para resolver todas as necessidades.
- **Paciência e Perspectiva de Longo Prazo:** O ciclo da natureza os ensina a paciência. Eles plantam hoje pensando na colheita futura. Essa mentalidade se estende às finanças: pequenos acúmulos diários e mensais se transformam em terras adicionais, melhorias na casa ou uma pequena poupança para a velhice, sem pressa por resultados imediatos.

A lição dos Silva: Embora não usem planilhas sofisticadas ou invistam em ações, a família Silva vive e prospera porque, de forma inata, eles gastam significativamente menos do que ganham, valorizam o que têm, e focam no essencial. Sua acumulação não vem de grandes ganhos, mas da disciplina na gestão dos poucos recursos e de uma vida que naturalmente é mais frugal e focada no simples. Eles são um testemunho vivo de que o controle financeiro não é uma prerrogativa de especialistas, mas uma prática acessível a todos que priorizam a consciência sobre o consumo.

O Caso de Mariana: A Riqueza do "Menos"

Mariana, 35 anos, era uma executiva de marketing bem-sucedida em uma grande metrópole. Aos olhos de fora, ela era o retrato do sucesso: dirigia um SUV importado do ano, morava em um apartamento alugado de 120m² em um bairro nobre e suas redes sociais eram uma vitrine de jantares caros e roupas de grife. No entanto, a realidade financeira de Mariana era um castelo de cartas.

O Ciclo da Dopamina (A Vida Antiga)

A rotina de Mariana era movida pela recompensa imediata. Estressada com as metas agressivas no trabalho, ela usava o consumo como válvula de escape. Se a reunião de segunda-feira fosse ruim, ela comprava um sapato na hora do almoço para "compensar". Se a sexta-feira fosse boa, ela comprava uma bolsa para "comemorar".

Seu apartamento tinha um quarto de hóspedes que nunca recebia visitas; ele servia de depósito para caixas de e-commerce que ela mal abria. Mariana vivia no "cheque especial", pagando juros rotativos do cartão de crédito, convencendo-se de que, como ganhava bem, conseguiria cobrir o rombo no mês seguinte. Ela trabalhava 12 horas por dia não para construir patrimônio, mas para pagar a manutenção do estilo de vida que a aprisionava.

O Ponto de Ruptura

A mudança aconteceu em um domingo chuvoso, quando o proprietário do apartamento pediu o imóvel de volta. Mariana teve 30 dias para se mudar. Ao começar a empacotar, ela se deparou com uma realidade física assustadora: ela tinha três vezes mais coisas do que conseguia carregar.

Encontrou roupas com etiqueta compradas há dois anos. Encontrou eletrônicos nunca usados. Ao contratar a empresa de mudança, o orçamento foi altíssimo devido ao volume de itens. Naquele momento, sentada no chão cercada por pilhas de objetos que não lhe traziam felicidade, Mariana chorou. Ela percebeu que não possuía aquelas coisas; aquelas coisas a possuíam. Ela estava pagando aluguel para guardar tralhas sem utilidade.

A Transição

Mariana decidiu que não levaria aquele peso para a nova fase de vida. Ela adotou uma postura radical baseada no essencialismo:

- **A Grande Venda:** Ela passou três meses vendendo itens em sites de desapego. Roupas, móveis excessivos e eletrônicos. O dinheiro arrecadado (cerca de R$15.000) foi usado exclusivamente para quitar o cartão de crédito.
- **Downsizing de Moradia:** Ela alugou um apartamento de 50m², menos da metade do tamanho anterior, mas bem localizado. O aluguel era 40% mais barato.
- **Troca de Veículo:** Ela vendeu o SUV financiado, quitou a dívida do banco e comprou um carro seminovo popular à vista. A diferença no IPVA, seguro e gasolina gerou uma economia mensal substancial.

A Nova Vida (O Estilo Minimalista)

Hoje, dois anos depois, a vida de Mariana é irreconhecível. Ela possui um "armário cápsula" com poucas peças de alta qualidade que combinam entre si. Em vez de passeios no shopping, seus finais de semana são gastos em parques ou cozinhando em casa com amigos.

Financeiramente, a transformação foi total:

- **Taxa de Poupança:** Antes zerada, hoje ela poupa 40% do seu salário líquido.
- **Investimentos:** Ela já possui uma reserva de emergência robusta e começou a investir para a aposentadoria.
- **Mentalidade:** Quando sente o impulso de comprar, ela se faz a pergunta de ouro: *"Isso é uma necessidade real ou estou tentando preencher um vazio emocional?"*. Na maioria das vezes, a resposta a faz guardar a carteira.

A Lição do Caso: Mariana descobriu que o minimalismo financeiro não é sobre viver na escassez, mas sobre intencionalidade. Ao remover o excesso de gastos com coisas que não importavam, sobrou dinheiro para o que realmente importava: sua liberdade, sua paz mental e seu futuro. Ela parou de comprar coisas para impressionar pessoas que não conhecia e começou a construir sua própria liberdade.

O Caso de Lucas: Do "Rei do Camarote" à Riqueza Silenciosa

Lucas, 25 anos, analista de sistemas recém-formado. Morando com os pais, ele não tinha grandes despesas fixas (como aluguel ou contas da casa). Isso criou nele a ilusão de "dinheiro infinito". Todo o seu salário líquido de R$4.000 tinha um destino certo: o fim de semana.

A Vida de Ostentação (O Efeito Vitrine)

A rotina financeira de Lucas começava na quinta-feira à noite e terminava domingo de manhã. Ele era movido pelo “medo de ficar de fora”. Se havia uma festa, um show ou um barzinho novo, Lucas estava lá.

Seus gastos não eram com bens duráveis, mas com *status* momentâneo:

- **Combos de bebidas:** Pagava preços exorbitantes em garrafas de vodka e energético para ter acesso à área VIP.
- **Logística cara:** Uber Black para chegar e sair com estilo, roupas de marca para "estar adequado" ao ambiente.
- **A "Rodada" para os amigos:** Em busca de validação social, frequentemente pagava a conta de conhecidos.

Na segunda-feira, a "ressaca moral" vinha acompanhada da notificação do banco: saldo negativo. Ele usava o cheque especial rotineiramente e parcelava as faturas do cartão de crédito, acreditando que "quando for promovido, eu pago".

O Gatilho da Mudança (O Choque de Realidade)

A virada de chave ocorreu quando o carro antigo da família, que Lucas usava para ir ao trabalho, quebrou. O conserto custaria R$2.500. Lucas, que movimentava milhares de reais por mês em festas, não tinha R$100 guardados. Ele precisou pedir dinheiro emprestado para a avó aposentada.

A vergonha de ver sua avó sacando da poupança para cobrir a irresponsabilidade de um jovem assalariado foi o ponto de ruptura. Ele percebeu que trabalhava 160 horas por mês para enriquecer donos de casas noturnas, enquanto ele mesmo continuava pobre.

A Transição (A Troca de Turno) Lucas decidiu fazer uma mudança radical de estilo de vida, focada na substituição de hábitos:

- **Noite para o Dia:** Ele percebeu que a vida noturna era uma máquina de queimar dinheiro. Ele trocou as baladas até o amanhecer por corridas no parque e trilhas às 7h da manhã. O custo de correr no parque é zero.
- **Filtro Social:** Ao parar de pagar rodadas e frequentar camarotes, 80% dos seus "amigos" desapareceram. Ele descobriu quem eram as amizades reais e passou a fazer programas caseiros (jantares, jogos de tabuleiro) que custavam uma fração do preço.
- **A Regra dos 30%:** Ele estabeleceu que 30% do seu salário seria investido assim que caísse na conta, antes de qualquer gasto.

O Resultado (A Vida Simples e Próspera) Três anos depois, a vida de Lucas é simples, mas estruturada.

- **Saúde Financeira:** Ele quitou todas as dívidas em 8 meses. Hoje, possui uma carteira de investimentos diversificada que já rende o suficiente para pagar suas despesas de transporte.
- **Novo Foco:** Ele descobriu prazer em cozinhar (o que reduziu drasticamente seus gastos com restaurantes) e o prazer de praticar esportes.
- **Visão de Futuro:** Enquanto seus antigos colegas de balada continuam vivendo de contracheque em contracheque e reclamando da "falta de dinheiro", Lucas já deu entrada no seu próprio apartamento e planeja um intercâmbio profissional.

A Lição do Caso: Lucas aprendeu que custo de vida é diferente de custo de exibição. A vida simples não significou o fim da diversão, mas o fim do desperdício. Ele trocou o prazer efêmero de uma noite (que deixava dívidas) pela satisfação duradoura da segurança e do progresso pessoal.

O que podemos concluir?

"Gastar menos do que você ganha" não é uma fórmula mágica para a riqueza instantânea, mas sim a disciplina essencial que constrói a liberdade financeira ao longo do tempo. É a base que sustenta todo o edifício de suas finanças pessoais. Ao dominar este princípio, você não apenas evita o ciclo de dívidas, mas também cria ativamente o "combustível" – o superávit – para poupar, investir e realizar seus sonhos. Lembre-se, o controle está em suas mãos. Comece hoje a trilhar o caminho do equilíbrio e da sustentabilidade financeira, e veja como cada centavo economizado se transforma em um tijolo para o seu futuro próspero. A sua jornada para o domínio financeiro começa agora, com a consciência de que o verdadeiro poder está em gerenciar o que você tem, antes de buscar ter mais.

Princípio 4: Defina uma reserva de emergência

A "reserva de emergência" é como um paraquedas: você espera nunca precisar dela, mas é fundamental tê-la em caso de necessidade. É um valor guardado especificamente para cobrir gastos inesperados, como problemas de saúde, reparos emergenciais na casa, perda de emprego ou outros imprevistos que a vida possa trazer. Alguns sinônimos com a mesma ideia são:

- Fundo de emergência
- Colchão financeiro
- Poupanca de segurança
- Caixa de segurança
- Dinheiro para imprevistos
- Provisão para emergências

Por que a reserva de emergência é tão importante?

- **Prevenção de dívidas:** Ao ter uma reserva de emergência, você evita ter que recorrer a empréstimos para cobrir gastos inesperados, o que pode gerar juros altos e comprometer seu orçamento.
- **Tranquilidade e segurança:** Saber que você tem um fundo de segurança para lidar com imprevistos te proporciona mais tranquilidade e permite que você durma tranquilo à noite.

- **Proteção contra imprevistos:** A vida é cheia de surpresas, e muitas delas podem gerar custos inesperados. Uma reserva de emergência te protege de situações financeiras difíceis.
- **Possibilidade de aproveitar oportunidades:** Ter uma reserva de emergência te permite aproveitar oportunidades que surgirem, como um investimento interessante ou uma viagem imprevista.

Como definir o valor da sua reserva de emergência?

O valor ideal da sua reserva de emergência varia de pessoa para pessoa e depende do seu estilo de vida e da sua situação financeira. Comece pequeno! Lembre-se: "o ótimo é inimigo do bom".

É melhor você ter a reserva de 1 mês do que não ter nada.

Eu recomendo que você tenha uma reserva equivalente a 6 meses de sua despesa mensal média. Mas por que 6 meses? Porque esse é um período que pode ser suficiente para uma recolocação profissional após uma demissão no seu trabalho.

Exemplo: Maria tem um custo de vida mensal de R$3.000, em média. Se multiplicarmos esse valor por 6 meses, então Maria precisaria de uma reserva de emergência de R$18.000.

Pense na tranquilidade de vida que Maria terá após construir essa reserva. Ela estará preparada para muitos imprevistos da vida, tanto em gastos inesperados, como até uma demissão do seu trabalho.

Mais do que isso: essa reserva permite a Maria ter tranquilidade para procurar novas fontes de renda, estudar e se desenvolver.

Em outras palavras: Maria tem 6 meses de "liberdade financeira". Por isso defendo, desde o começo do livro, que o seu objetivo maior é construir a sua "liberdade financeira", seja ela qual for!

Onde guardar a sua reserva de emergência?

É importante escolher um local seguro e de fácil acesso para guardar sua reserva de emergência. Opte por investimentos de baixo risco e alta liquidez (rápido acesso), como:

- **Contas poupança:** São seguras e de fácil acesso, mas a rentabilidade é baixa.
- **Investimentos de renda fixa:** Oferecem maior rentabilidade do que a poupança, mas com baixo risco.
- **Contas digitais:** Algumas contas digitais oferecem rendimento maior do que a poupança e permitem o resgate a qualquer momento.

O que podemos concluir?

Em um mundo repleto de incertezas, desde um pneu furado a uma demissão inesperada, a reserva de emergência não é apenas um luxo, mas sim um alicerce fundamental para a sua segurança e tranquilidade financeira. Ela atua como um verdadeiro colchão financeiro, absorvendo os impactos dos imprevistos e impedindo que situações pontuais se transformem em crises financeiras devastadoras.

Ter um fundo de emergência significa ter a **liberdade de enfrentar o inesperado sem precisar recorrer a dívidas caras**, como empréstimos ou cheque especial, que podem comprometer seu futuro financeiro. É a garantia de que você pode lidar com um gasto médico urgente, um reparo doméstico essencial ou até mesmo um período de desemprego sem comprometer suas economias de longo prazo ou sua qualidade de vida.

Em última análise, a reserva de emergência é um **investimento em sua paz de espírito**. Ela oferece a capacidade de tomar decisões mais racionais em momentos de estresse e de manter o controle sobre suas finanças, independentemente do que a vida lhe apresente. Começar a construir a sua é dar um passo decisivo em direção a um futuro mais seguro e resiliente.

Princípio 5: Invista conforme o seu perfil

Investir seu dinheiro é como plantar uma semente: com tempo e cuidado, ela pode crescer e gerar frutos. Ao investir, você permite que seu dinheiro gere mais dinheiro, permitindo que você alcance seus objetivos financeiros mais rapidamente.

Por que investir é tão importante?

- **Combate à inflação:** A inflação diminui o poder de compra do dinheiro ao longo do tempo. Os investimentos, quando bem escolhidos, podem superar a inflação e preservar o valor do seu patrimônio.
- **Crescimento do patrimônio:** Ao investir, você tem a oportunidade de fazer seu dinheiro trabalhar para você e aumentar seu patrimônio ao longo do tempo.
- **Realização de sonhos:** Os investimentos podem te ajudar a realizar seus sonhos, como comprar uma casa própria, viajar pelo mundo ou garantir uma aposentadoria confortável.
- **Diversificação de riscos:** Ao investir em diferentes tipos de ativos, você diversifica seus riscos e diminui a possibilidade de perder todo o seu dinheiro em um único investimento.

Como começar a investir?

- **Defina seus objetivos:** Antes de começar a investir, defina seus objetivos financeiros a longo prazo. Isso te ajudará a escolher os investimentos mais adequados ao seu perfil.
- **Conheça seu perfil de investidor:** É importante entender sua tolerância ao risco para escolher investimentos que se encaixem em seu perfil.
- **Busque orientação profissional:** Um assessor de investimentos pode te ajudar a escolher os melhores investimentos para você, considerando seus objetivos e perfil de risco.
- **Comece com pouco:** Não é necessário ter muito dinheiro para começar a investir. Existem diversas opções de investimento para diferentes perfis e valores.
- **Seja paciente:** Os investimentos levam tempo para render frutos. Seja paciente e mantenha o foco em seus objetivos de longo prazo.

A Mágica dos Juros Compostos: O Segredo da Função Exponencial

Se há um conceito em finanças que pode ser descrito como "mágico", é o dos juros compostos. Frequentemente chamados de "oitava maravilha do mundo" por Albert Einstein, eles são a força motriz por trás do crescimento exponencial do seu dinheiro ao longo do tempo. Compreender essa mágica e a função exponencial que a governa não é apenas um diferencial; é um superpoder para suas finanças.

Imagine o seguinte: você investe uma quantia. No primeiro período, você ganha juros sobre essa quantia inicial. Até aqui, nada de novo. Mas a mágica começa quando, no período seguinte, os juros que você ganhou são adicionados ao seu capital inicial, e então você passa a receber juros não só sobre o valor que você investiu, mas também sobre os juros que já foram acumulados. Isso é o que chamamos de "juros sobre juros".

Como a Função Exponencial Entra em Cena

Matematicamente, o crescimento dos juros compostos é representado por uma função exponencial. Enquanto um crescimento linear aumenta a cada período por uma quantidade fixa, o crescimento exponencial aumenta por uma taxa percentual sobre o valor acumulado. Isso significa que o crescimento não é constante, mas sim acelerado.

Para simplificar, pense na seguinte fórmula básica dos juros compostos:

$M = C*(1+i)^t$

Onde:

- M = Montante final (o dinheiro que você terá no futuro)
- C = Capital inicial (o dinheiro que você investe hoje)
- i = Taxa de juros (ao período)
- t = Tempo (número de períodos)

O elemento crucial aqui é o "t" como expoente. Ele mostra que o tempo não é apenas um fator linear que se soma, mas sim uma potência que multiplica seu capital inicial e os juros acumulados. Quanto maior o "t" (tempo), mais rapidamente o M (montante) cresce, formando uma curva que parece se inclinar cada vez mais acentuadamente para cima.

O Poder do Tempo e da Paciência

É por causa da função exponencial que o tempo se torna seu maior aliado nos investimentos. Uma pequena quantia investida hoje, com uma taxa de juros razoável e, mais importante, muito tempo para render, pode se transformar em um valor surpreendente.

Vamos a um exemplo simples:

Se você investir R$1.000 a 10% ao ano:

- Em 1 ano: R$1.000 * (1 + 0.10)^1 = R$1.100 (ganho de R$100)
- Em 5 anos: R$1.000 * (1 + 0.10)^5 = R$1.610,51 (ganho de R$610,51)
- Em 10 anos: R$1.000 * (1 + 0.10)^{10} = R$2.593,74 (ganho de R$1.593,74)
- Em 30 anos: R$1.000 * (1 + 0.10)^{30} = R$17.449,40 (ganho de R$16.449,40)

Perceba como, nos primeiros anos, o crescimento parece modesto. Mas, conforme o tempo avança, a curva se acentua. Nos últimos anos, os ganhos são dramaticamente maiores do que nos primeiros, porque o dinheiro está crescendo sobre uma base cada vez maior. Esse é o efeito "bola de neve" dos juros compostos.

Maximizando a Mágica: Consistência e Disciplina

Para aproveitar ao máximo a magia dos juros compostos, é fundamental:

1. **Começar Cedo:** Quanto antes você iniciar seus investimentos, mais tempo o seu dinheiro terá para trabalhar a seu favor.
2. **Ser Consistente:** Pequenas contribuições regulares fazem uma diferença enorme ao longo do tempo, pois cada novo aporte também começa a render juros sobre juros.

3. **Ter Paciência:** A verdadeira beleza dos juros compostos se revela no longo prazo. Evite a tentação de sacar o dinheiro cedo demais.
4. **Reinvestir os Ganhos:** Para que os juros compostos funcionem plenamente, é essencial que os rendimentos sejam reinvestidos, permitindo que a base de cálculo dos juros cresça continuamente.

A função exponencial não é apenas uma fórmula matemática; é um lembrete de que as pequenas ações consistentes hoje podem gerar resultados extraordinários amanhã. É a prova de que, no universo dos investimentos, o tempo e a paciência são, muitas vezes, mais valiosos do que grandes quantias iniciais. Comece sua jornada com a sabedoria dos juros compostos, e observe a magia acontecer.

Por que investir é tão importante?

Investir é crucial por diversos motivos que impactam diretamente sua saúde financeira e seus planos futuros:

- **Combater a Inflação:** Deixar o dinheiro "parado" no banco ou embaixo do colchão faz com que ele perca poder de compra com o tempo devido à inflação. Os preços aumentam, e o mesmo valor compra menos coisas no futuro. Investir ajuda a **proteger seu dinheiro da inflação**, garantindo que ele mantenha, ou até aumente, seu valor real.

- **Multiplicar seu Patrimônio:** A mágica dos juros compostos é o coração do investimento. Seu dinheiro gera rendimentos, e esses rendimentos, por sua vez, também geram mais rendimentos. Isso cria uma "bola de neve" financeira que faz seu patrimônio crescer exponencialmente ao longo dos anos. Quanto mais cedo você começa a investir, maior o potencial de crescimento.
- **Alcançar Objetivos Financeiros:** Seja comprar um imóvel, pagar a faculdade dos filhos, fazer uma grande viagem ou ter uma aposentadoria tranquila, investir é o caminho para transformar esses sonhos em realidade. Cada objetivo pode ter um tipo de investimento mais adequado, com diferentes níveis de risco e tempo.
- **Garantir a Aposentadoria:** A previdência social, por si só, pode não ser suficiente para manter seu padrão de vida na aposentadoria. Investir é essencial para construir uma fonte de renda passiva que complemente (ou até substitua) a previdência, garantindo sua independência financeira na melhor idade.
- **Gerar Renda Passiva:** Dependendo do tipo de investimento (como fundos imobiliários, dividendos de ações ou aluguéis), é possível gerar renda regularmente, sem que você precise trabalhar ativamente por ela. Essa renda pode complementar seu salário atual ou se tornar sua principal fonte de sustento no futuro.
- **Segurança e Liberdade Financeira:** Ter um patrimônio investido proporciona uma sensação de segurança. Você estará mais preparado para

imprevistos (além da reserva de emergência) e terá mais opções na vida, seja para mudar de carreira, morar em outro lugar ou simplesmente viver sem as preocupações financeiras do dia a dia.

Começar a investir pode parecer complexo, mas com informação e planejamento, qualquer pessoa pode dar os primeiros passos e colher os frutos a longo prazo. O importante é começar, mesmo que com pouco, e manter a disciplina.

A seguir, de forma complementar, vamos analisar três perfis de trabalhadores para finalizarmos a compreensão de como podemos ter desafios diferentes na vida financeira das pessoas.

Análise de Perfil 1 - O caso do Servidor Público

O Servidor Público: A Ilusão da Estabilidade Infinita

Muitos olham para o servidor público como alguém que "venceu o jogo". Estabilidade, salários muitas vezes acima da média do mercado e benefícios. Porém, esse conforto esconde armadilhas perigosas.

- **A Armadilha do Consignado:** Como o salário é garantido e o risco de demissão é quase nulo, os bancos amam o servidor público. O crédito é oferecido com juros baixos e prazos a perder de vista (80, 96 meses). O perigo? O servidor compromete 30% ou 35% da renda por anos. Ele perde a flexibilidade financeira e passa a década trabalhando apenas para pagar o passado.

- **Inflação:** Diferente do setor privado, onde se pode negociar aumentos ou trocar de empresa, o servidor depende de leis para ter reajustes. Frequentemente, esses reajustes demoram anos. O salário de R$5.000 de hoje compra muito menos do que comprava há 5 anos. O empobrecimento pode ser lento, silencioso e constante.
- **O Desafio:** O servidor precisa manter o seu poder de compra. Como é difícil aumentar a renda drasticamente no curto prazo (salvo funções de confiança), a gestão de despesas precisa ser cirúrgica.

Para servidores públicos, o desafio é limpar a visão do contracheque, separando o que é verba salarial, o que é benefício indenizatório e como tratar o empréstimo consignado.

Se o servidor possui um empréstimo consignado (descontado direto em folha), ele não deve subtrair esse valor na etapa de "Renda/Receitas".

- **A forma correta:** Considere o salário líquido *antes* do desconto do empréstimo.
- **Por quê?** O empréstimo é uma **dívida/despesa**, não uma redução de salário. Se ele lançar o salário já

descontado, ele mascara o peso da dívida no orçamento.

Devido à estabilidade e facilidade de crédito, este perfil frequentemente possui categorias rígidas de dívida em folha que precisam ser monitoradas para não comprometer o "mínimo existencial".

Análise de Perfil 2 - O Caso do Funcionário CLT

O Funcionário CLT: A Segurança com Teto

O trabalhador da iniciativa privada vive sob a proteção da CLT (Consolidação das Leis do Trabalho). Ele tem uma rede de segurança estruturada: FGTS, seguro-desemprego, aviso prévio, 13º salário e férias remuneradas.

- **A Falsa Sensação de Segurança:** O maior erro do CLT é achar que o emprego é eterno. Fusões de empresas, cortes de custos ou crises de mercado podem eliminar a vaga do dia para a noite. Quem não tem Reserva de Emergência porque "tem o FGTS" muitas vezes descobre que o saldo do fundo não paga três meses do seu padrão de vida real.

- **O Teto de Vidro:** A renda é previsível, mas limitada ao cargo. Para ganhar mais, ele precisa de uma promoção (que não depende só dele) ou mudar de emprego.
- **A Vantagem:** A previsibilidade mensal permite um planejamento exato. O 13º e as férias são "bônus" que, se bem usados, aceleram a construção de patrimônio (em vez de serem gastos apenas em presentes de Natal).

A principal característica da renda CLT é que ela é composta por um salário base acrescido de benefícios (como FGTS, férias e 13º). O grande desafio geral é que essa renda está diretamente ligada à saúde financeira de uma empresa e ao mercado de trabalho. Se a empresa vai mal ou o setor entra em crise, a fonte de renda pode desaparecer subitamente.

Análise de Perfil 3 - O Caso do Empreendedor ou Autônomo

O Empreendedor ou Autônomo: A Montanha-Russa de Emoções

Este é o perfil mais desafiador. Não há FGTS, não há férias remuneradas, não há 13º salário e não há chefe. A liberdade é total, mas a responsabilidade também.

- **A Mistura Mortal (PF x PJ):** O erro número 1 é usar a conta da empresa para pagar o cartão de crédito pessoal ou o churrasco de domingo. Quando isso acontece, o autônomo nunca sabe se o negócio dá lucro ou prejuízo, e ele nunca forma patrimônio pessoal.

- **A Flutuação de Caixa:** Em um mês, entra R$15.000 ; no outro, R$2.000 . Se o autônomo elevar seu padrão de vida baseando-se no mês bom, ele quebrará no mês ruim.
- **A Necessidade de Auto-Benefícios:** O autônomo precisa criar seus próprios benefícios. Ele deve embutir no seu preço o valor das suas férias e do seu 13º. Se ele não trabalhar, não ganha. Por isso, a Reserva de Emergência desse perfil precisa ser maior (pelo menos 12 meses de custos pagos), pois a "demissão" aqui pode vir na forma de uma crise de mercado ou uma doença que o impeça de trabalhar.

O seu investimento deve ser o contrapeso da sua profissão

Compreender as nuances entre o servidor público, o funcionário CLT e o empreendedor é fundamental porque o seu maior ativo não é a sua conta bancária, mas a sua capacidade de gerar renda. O segredo de uma estratégia de investimentos inteligente reside no equilíbrio: enquanto o servidor pode buscar o crescimento nos investimentos para compensar a rigidez do seu salário, o empreendedor deve buscar nos investimentos a segurança que o seu negócio não possui. Conhecer o seu perfil de renda permite que você construa uma carteira de investimentos que não apenas busca rentabilidade, mas que funciona como um amortecedor para as incertezas da sua carreira, garantindo que, independentemente de onde venha o seu sustento, o seu futuro esteja ancorado em solo firme.

O que podemos concluir?

Neste ponto, aprendemos que não existe "o melhor investimento do mundo" que sirva para todas as pessoas. O que existe é o investimento **certo *para você***.

Podemos concluir que respeitar o seu “Perfil de Investidor” é, acima de tudo, uma estratégia de sobrevivência no mundo dos investimentos. Investir não é uma corrida de 100 metros para ver quem chega primeiro ou ganha mais em curto prazo; é uma maratona que dura a vida toda.

Se você aplicar seu dinheiro em algo muito arriscado, que não condiz com sua personalidade, a primeira queda do mercado fará você entrar em pânico e vender tudo com prejuízo. Por outro lado, se você for conservador demais quando poderia ousar um pouco, pode ver seu dinheiro perder para a inflação.

A lição final aqui é fazer o "Teste do Travesseiro": se você colocar a cabeça no travesseiro à noite e perder o sono por causa de onde seu dinheiro está aplicado, algo está errado. O investimento ideal é aquele que respeita seus limites, seus prazos e, principalmente, permite que você durma tranquilo enquanto seu patrimônio cresce.

Princípio 6: Proteja o seu patrimônio

Há uma regra cruel no mundo do dinheiro: leva-se anos para construir uma vida financeira estável, mas apenas alguns dias errados para vê-la desmoronar.

Nós gastamos a maior parte do nosso tempo focados no ataque: trabalhar mais, conseguir uma promoção, vender mais, fazer o dinheiro entrar, etc. Mas poucas vezes paramos para pensar na defesa. E a verdade é que a solidez financeira não vem somente do quanto você ganha, mas de quão difícil é tirar de você o que você já conquistou.

Imagine que suas finanças pessoais são como a construção de uma casa. Você pode gastar anos levantando paredes altas, comprando móveis bonitos e pintando a fachada. Mas se você construiu tudo isso sobre um terreno instável e sem um telhado resistente, a primeira tempestade forte poderá transformar seu esforço em entulho.

Proteger o seu patrimônio não é sobre acumular luxo; é sobre garantir que o seu padrão de vida e a segurança da sua família não sejam frágeis.

Para isso, você precisa eliminar o Risco da Ruína.

O Conceito de Ruína

Nas finanças pessoais, "ruína" é um estado do qual você não consegue se recuperar. É o "*game over*".

Se você faz um investimento ruim e perde 10% do seu dinheiro, isso é triste, mas você recupera. Se você perde seu instrumento de trabalho, sua casa ou sua capacidade de gerar renda sem ter proteção, você atinge o ponto de ruína. Você volta para a estaca zero (ou para o negativo), e o tempo que você levou para chegar até ali não volta mais.

Para blindar sua vida contra a ruína, você precisa de três camadas de proteção:

A Reserva de Emergência (O Amortecedor)

Imprevistos não são uma questão de "se", mas de "quando". Carros quebram, vazamentos acontecem, crises econômicas surgem.

Se todo o seu dinheiro está imobilizado (em uma casa, em um terreno ou em investimentos que não podem ser resgatados hoje), qualquer problema de médio custo pode se tornar um pesadelo. Sem liquidez (dinheiro na mão), você é forçado a contrair dívidas com juros altos para resolver problemas simples.

A Reserva de Emergência é o seu amortecedor. Ela garante que, quando o buraco na estrada aparecer, o carro balance, mas não capote. O objetivo desse dinheiro não é render juros altos, é estar disponível. É a diferença entre um susto e uma crise.

Seguros (Transferência de Risco)

Muitas pessoas veem o seguro como um "gasto desnecessário" porque torcem para não usá-lo. Essa é a mentalidade errada. O seguro é a única ferramenta que permite trocar uma perda incerta e devastadora (a perda total de um bem) por um custo fixo e conhecido (o valor mensal do seguro).

Aqui vale a regra da Magnitude do Dano:

- Você não precisa de seguro para coisas que pode repor com um mês de salário (como um eletrodoméstico).
- Você precisa de seguro para coisas que, se perdidas, destruiriam anos do seu trabalho (sua casa, seu carro, sua saúde ou sua vida).

Pense nisso como terceirizar o azar. Ao pagar um seguro, você está pagando para que uma seguradora assuma o risco da ruína no seu lugar.

Diversificação (Estrutura de Apoio)

A terceira camada de proteção é não depender de uma única fonte para sua estabilidade.

Isso vale para seus investimentos e para sua vida. Se todo o seu patrimônio está concentrado em um único imóvel, ou em um único tipo de negócio, você está vulnerável. Se aquele setor específico sofrer uma crise, você perde 100% da sua base.

Diversificar é como construir sua casa apoiada em vários pilares. Se um pilar rachar, os outros sustentam o teto até que você possa fazer o reparo. Nunca deixe o destino de tudo o que você tem na mão de um único evento econômico.

O Inimigo Invisível: A Inflação

Por fim, existe um risco que não faz barulho, não avisa quando chega e não parece perigoso imediato: a perda do poder de compra.

Deixar seu dinheiro parado na conta corrente ou guardado em casa é a certeza matemática de perder valor. A inflação é como o cupim na madeira: você não vê o estrago acontecendo dia a dia, mas, com o passar dos anos, a estrutura fica oca.

E se a inflação chegar “disfarçada”? A **Reduflação** (um termo que mistura "redução" com "inflação") é um fenômeno que você provavelmente já sentiu no supermercado sem perceber o nome técnico.

Imagine que você sempre compra uma barra de chocolate de 100g por R$ 5,00. De repente, você percebe que o preço continua os mesmos R$ 5,00, mas a embalagem agora só tem 80g.

- O preço não subiu na etiqueta, mas você está levando menos produto pelo mesmo dinheiro.
- Na prática, o preço "por grama" ou "por quilo" ficou mais caro. Isso é uma estratégia das empresas para repassar o aumento dos custos de produção (como energia ou matéria-prima) sem assustar o consumidor com uma etiqueta de preço mais alta.

Proteger o patrimônio também significa garantir que ele seja corrigido pelo tempo. Parte da sua estratégia deve ser apenas para manter o valor do seu dinheiro vivo frente ao aumento dos preços.

O que podemos concluir?

Ter um patrimônio protegido significa ter opções.

Quando você tem reserva, seguros e diversificação, você não precisa se desesperar quando as notícias são ruins. Você não precisa aceitar qualquer proposta de trabalho por medo, nem vender seus bens a preço de banana porque precisa de dinheiro urgente.

A verdadeira estabilidade financeira é silenciosa. Ela é a ausência de pânico durante a tempestade. É saber que, não importa o que aconteça lá fora, o que você construiu dentro de casa permanecerá de pé.

Princípio 7: Eduque-se Financeiramente

A Educação Financeira é o alicerce sobre o qual se constrói uma vida financeira sólida e próspera. É como aprender a dirigir: quanto mais você sabe, mais seguro e confiante você se sente ao volante da sua vida financeira.

Existe um mito perigoso de que cuidar do próprio dinheiro exige uma inteligência matemática superior ou um dom para planilhas complexas. Isso afasta a maioria das pessoas, que acabam terceirizando suas decisões para gerentes de banco, parentes "entendidos" ou "gurus" de internet.

A verdade é libertadora: para ser bem-sucedido financeiramente, você precisa de apenas de pouco conhecimento técnico e de muito comportamento adequado.

Educação financeira não é sobre decorar códigos de ações ou saber calcular juros compostos de cabeça. É sobre **entender como o jogo funciona** para que você pare de ser uma peça no tabuleiro dos outros e passe a ser o jogador.

O Perigo de Terceirizar

Imagine que você está em um barco em alto mar. Você não sabe navegar, não sabe ler a bússola e não entende os mapas. Você é obrigado a confiar cegamente no capitão. Se ele disser "vamos por aqui", você vai. Se ele estiver errado — ou se ele tiver interesses diferentes dos seus —, você afunda junto.

No mundo financeiro, a ignorância (desconhecimento) gera dependência.

Quando você entra em um banco sem educação financeira, você não é um cliente; você é uma oportunidade de meta batida. O trabalhador bancário, por mais simpático que seja, responde aos interesses da instituição, não aos seus. Quando você segue uma "dica quente" de investimento sem saber analisar os riscos, você está apostando, não investindo.

A primeira regra da educação financeira é: ninguém cuidará do seu dinheiro melhor do que você, porque ninguém sofre as consequências das suas perdas tanto quanto você.

O Que Você Realmente Precisa Aprender

Você não precisa virar um Especialista. Você precisa dominar dois pilares fundamentais: o funcionamento do sistema e o funcionamento da sua mente.

O Pilar Comportamental (O Inimigo Interior)

Esta é a parte mais importante. A maioria dos erros financeiros não ocorre por falta de calculadora, mas por falta de controle emocional. Educar-se financeiramente é estudar a si mesmo. É reconhecer os seus vieses cognitivos:

- **Efeito Manada:** A vontade incontrolável de comprar algo só porque "todo mundo está comprando".
- **Aversão à Perda:** O medo paralisante que te faz vender investimentos na baixa ou manter um mau negócio só para não admitir o erro.
- **Viés do Presente:** A tendência do nosso cérebro de preferir uma recompensa pequena agora (gastar) do que uma recompensa grande no futuro (investir).

Se você não dominar seus impulsos, nenhuma técnica de investimento salvará o seu crescimento.

O Pilar Técnico (As Regras do Jogo)

Você precisa compreender a linguagem básica do dinheiro para não ser enganado. Isso inclui:

- **Inflação:** Entender que R$100 hoje não valem R$100 amanhã, e por que deixar dinheiro parado é perder dinheiro.
- **Juros:** Entender que eles podem trabalhar a seu favor (investimentos) ou contra você (dívidas). Quem entende juros, ganha; quem não entende, paga.
- **Risco e Retorno:** A lei imutável de que não existe mágica. Se alguém oferece um retorno muito alto com risco baixo, ou é mentira ou é golpe.
- **Ativos *versus* Passivos:** Saber diferenciar o que coloca dinheiro no seu bolso daquilo que tira dinheiro do seu bolso.

Filtre o Ruído

Vivemos na era do excesso de informação. Se você abrir as redes sociais agora, verá dez pessoas diferentes gritando dez estratégias "infalíveis" e “perfeitas”.

A educação financeira funciona como um filtro de ruído. Quando você tem uma base sólida de conhecimento, você consegue olhar para uma notícia apocalíptica no jornal ou para uma promessa milagrosa na internet e dizer: *"Isso não faz sentido"*.

O conhecimento te dá a calma de quem sabe o que está fazendo. Ele transforma a ansiedade em plano.

Conclusão: A Liberdade de Escolhas é o Objetivo

O objetivo final de estudar sobre dinheiro não é se tornar o mais rico do cemitério, nem viver uma vida mesquinha contando centavos.

O objetivo é a independência e a liberdade.

Educar-se financeiramente é comprar a sua liberdade de escolha. É poder dizer "não" a um trabalho tóxico porque você tem reservas financeiras para escolher outro melhor. É poder dormir tranquilo sabendo que o futuro da sua família não depende da sorte ou da bondade do governo de ocasião.

O dinheiro é um excelente servo, mas um péssimo mestre. A educação é a única ferramenta que garante que ele continue servindo a você, e não o contrário.

Comece hoje: é melhor feito do que perfeito!

Epílogo: A Arte do Meio-Termo (Uma Vida Equilibrada)

Ao longo deste livro, construímos juntos alguns conhecimentos. Falamos de Psicologia, planejamento de orçamento, investimentos, etc.

Agora que você conhece comportamentos e técnicas, precisamos falar sobre a alma do dinheiro.

Os gregos antigos tinham uma palavra para o equilíbrio ideal: *mesotes*.

O conceito de Mesotes (do grego *mesos*, que significa "meio" ou "intermediário") é o coração da ética de Aristóteles. Ele acreditava que a virtude não é o oposto de um vício, mas sim o ponto de equilíbrio entre dois extremos.

Para Aristóteles, qualquer comportamento humano pode ser estragado tanto pela carência (falta) quanto pelo excesso. A virtude está em encontrar a "Justa Medida".

Na sua vida financeira, o equilíbrio é essa pausa. É entender que o dinheiro obedece à mesma lógica do oxigênio.

O Dinheiro é como o Ar

Quando falta ar, você não consegue pensar em mais nada. O pânico se instala, a sobrevivência vira sua única prioridade. É assim que vive quem não tem reserva de emergência ou está endividado: sufocado.

Porém, uma vez que você tem ar suficiente, você não passa o dia inteiro tentando respirar "mais" ou estocar ar nos pulmões. Você simplesmente respira e usa essa energia para viver, conversar, caminhar e amar.

Os 7 princípios que estudamos servem apenas para garantir que nunca lhe falte ar. Mas o objetivo da vida não é respirar; é o que você faz enquanto respira.

A Armadilha do "Quando eu tiver..."

Existe uma ilusão perigosa que diz: *"Vou ser feliz quando tiver meu primeiro milhão"* ou *"Vou descansar quando me aposentar"*.

Isso é viver em um rascunho. É tratar o hoje apenas como um obstáculo para chegar ao amanhã.

Uma vida equilibrada exige que você encontre alegria na terça-feira comum no seu lar. É encontrar prazer no passeio do sábado na cidade vizinha a sua, e não apenas nas férias em Paris.

A verdadeira riqueza é a capacidade de estar inteiramente presente no momento. É tomar um café da manhã simples com a sua família sem que a sua mente esteja preocupada com a conta de luz ou ansioso com a cotação da bolsa de valores.

Sapatos Confortáveis

Sêneca, um filósofo que também era um dos homens mais ricos de Roma, dizia que a riqueza deve ser como um sapato: se for grande demais, faz você tropeçar; se for pequeno demais, machuca os pés.

O equilíbrio é encontrar o número do seu sapato.

Não busque o padrão de vida do seu vizinho, nem a carteira de investimentos do bilionário da internet. Busque a vida que cabe confortavelmente nos seus sonhos e na sua realidade.

Use o dinheiro para comprar coisas, sim. Mas use-o principalmente para comprar paz. Use-o para remover os problemas da frente, para que você possa focar no que realmente importa para você.

O Último Investimento

Espero que você alcance a sua liberdade de escolhas.

O mundo lá fora, com suas belezas gratuitas, está esperando por você.

Boa jornada!

A Sabedoria dos Tempos: Refletindo sobre o Passado para Construir o Futuro

À medida que você conclui esta leitura, gostaria de convidar você a uma reflexão final. Nas páginas a seguir, apresentarei uma série de frases históricas – ditados, provérbios e pensamentos de grandes mentes de diferentes culturas e épocas. Elas podem não falar diretamente sobre "ativos", "inflação" e termos modernos, mas carregam em sua essência a sabedoria milenar sobre trabalho, valor, prudência, generosidade e riqueza.

Observe como esses pensamentos, muitos deles passados de geração em geração, ressoam com os princípios de Educação Financeira que exploramos neste livro. Perceba como a perenidade desses ensinamentos demonstra que, embora o mundo mude, certos valores e princípio sobre a gestão dos recursos e da vida permanecem inalterados.

Permita que essas palavras inspirem você a aprofundar sua compreensão, a aplicar o que aprendeu e a compartilhar esse conhecimento. A verdadeira riqueza, afinal, não é apenas o que acumulamos, mas também o que somos capazes de criar e o impacto que causamos no mundo ao nosso redor.

Seu futuro financeiro está em suas mãos. Que você o construa com **sabedoria**, **propósito** e muita **prosperidade**!

"De grão em grão, a galinha enche o papo"

- Autor: Sabedoria popular - Portugal.
- Significado: Pequenas quantidades, acumuladas ao longo do tempo, resultam em algo grande.

"Não dê o passo maior que a perna"

- Autor: Sabedoria popular - Portugal.
- Significado: Não tente viver um padrão de vida superior ao que sua realidade permite.

"Dinheiro não aceita desaforo"

- Autor: Sabedoria popular - Brasil.
- Significado: Se você tratar o dinheiro com irresponsabilidade, desperdiçando-o ou não dando valor, ele "vai embora" e te deixa na mão.

"An investment in knowledge pays the best interest"

- Autor: Benjamin Franklin - Estados Unidos.
- Tradução: Investir em conhecimento rende os melhores juros.

"(...) no poner todos los huevos en un solo cesto."

- Autor: Miguel Cervantes em “Dom Quixote” - Espanha.
- Tradução literal: Não coloque todos os seus ovos na mesma cesta.

"There is no such thing as a free lunch"

- Autor: Robert Heinlein em seu livro *The Moon Is a Harsh Mistress* (1966) e Milton Friedman: Economista vencedor do Prêmio Nobel que usou a frase como título de um de seus livros em 1975, transformando-a em um axioma da economia.
- Tradução literal: Não existe almoço grátis.

"Mottainai" - もったいない

- Autor: Sabedoria popular - Japão. Popularizado pelo ambientalista e Prêmio Nobel da Paz Wangari Maathai.
- Tradução: "Que desperdício!"

"Chiri mo tsumoreba yama to naru" - (**塵も積もれば山となる**)

- Autor: Sabedoria popular - Japão.
- Tradução: "Poeira acumulada torna-se uma montanha."

"Ichi en o warau mono wa ichi en ni naku" - (**一円を笑う者は一円に泣く**)

- Autor: Sabedoria popular - Japão
- Tradução: "Quem ri de um iene chora por um iene."

"Hara hachi bun me" - (**腹八分目**)

- Autor: Sabedoria popular - Japão
- Tradução: "Coma até estar 80% satisfeito."

"Spare in der Zeit, dann hast du in der Not."

- Autor: Sabedoria popular - Alemanha.
- Tradução: "Economize na abundância, para ter na necessidade."

"Wer den Pfennig nicht ehrt, ist den Taler nicht wert."

- Autor: Sabedoria popular - Alemanha.
- Tradução: "Quem não honra o centavo não merece o Táler (moeda antiga)."

"Geld allein macht nicht glücklich, aber es beruhigt die Nerven."

- Autor: Sabedoria popular - Alemanha.
- Tradução: "Dinheiro sozinho não traz felicidade, mas acalma os nervos."

"Man soll das Eisen schmieden, solange es heiß ist."

- Autor: Sabedoria popular - Alemanha.
- Tradução: "Deve-se forjar o ferro enquanto está quente."

"Chi risparmia, guadagna."

- Autor: Sabedoria popular - Itália.
- Tradução: "Quem economiza, ganha."

"Il soldo risparmiato è due volte guadagnato."

- Autor: Sabedoria popular - Itália.
- Tradução: "O dinheiro economizado é duas vezes ganho."

"Non si può avere la botte piena e la moglie ubriaca."

- Autor: Sabedoria popular - Itália.
- Tradução: "Não se pode ter o barril cheio e a esposa bêbada."

"من ينفق بدون حساب كمن يثقب دلواً بالماء"

- Autor: Sabedoria popular - países Árabes.
- Tradução Literal: "Quem gasta sem conta é como quem fura um balde com água."

"ما يُحفظ أكثر مما يُكسب"

- Autor: Sabedoria popular - países Árabes.

- Tradução Literal: "O que se guarda é mais do que se ganha."

"Jiān shěng yòng qián, yǒu bèi wú huàn." - (**节省用钱，有备无患**)

- Autor: Sabedoria popular - China.
- Tradução: "Economize dinheiro e esteja preparado para evitar problemas."

"Qián shēng qián." - (**钱生钱**)

- Autor: Sabedoria popular - China.
- Tradução: "Dinheiro gera dinheiro."

"Shǎo chī yī kǒu, duō cún yī dòu." - (**少吃一口，多存一斗**)

- Autor: Sabedoria popular - China.
- Tradução: "Coma uma mordida a menos, guarde um pouco a mais."

Princípio 1: Conhece-te a Ti Mesmo

- **"Dinheiro não aceita desaforo" (Brasil)**

    ◦ **Justificativa:** Este princípio foca no comportamento e no autoconhecimento. O texto do provérbio alerta que tratar o dinheiro com irresponsabilidade (comportamento ruim) leva à perda, independentemente de quanto se ganha. Isso se alinha perfeitamente com a tese de que o sucesso financeiro é "80% comportamento".

- **"Non si può avere la botte piena e la moglie ubriaca" (Itália)**

    ◦ **Justificativa:** *Tradução: "Não se pode ter o barril cheio e a esposa bêbada."* O provérbio trata da necessidade de fazer escolhas e priorizar. Isso se conecta ao entendimento do **Sistema 2** (racional), que precisa frear os impulsos do **Sistema 1** (emocional) para tomar decisões de troca conscientes.

Princípio 2: Gaste Menos do que Você Ganha

- **"Não dê o passo maior que a perna" (Portugal)**

    ◦ **Justificativa:** O livro define este provérbio como a frase definitiva para evitar viver um padrão de vida superior à realidade. Ele ilustra a essência de manter a "defesa" financeira e viver dentro das possibilidades para gerar o "Gap" (a sobra).

- **"Hara hachi bun me" (Japão)**

    - **Justificativa:** *Tradução: "Coma até estar 80% satisfeito."* Este conceito de moderação aplica-se diretamente à regra de viver um degrau abaixo da sua renda (gastar menos do que se pode) para garantir a sobra financeira, criando o superávit necessário para a prosperidade.

- **"Mottainai" (Japão)**

    - **Justificativa:** *Tradução: "Que desperdício!"* A aversão ao desperdício é a prática diária de cortar gastos supérfluos, um dos passos práticos ensinados no capítulo para identificar "onde o dinheiro está vazando".

- **"Chi risparmia, guadagna" (Itália)** e **"Il soldo risparmiato è due volte guadagnato" (Itália)**

    - **Justificativa:** Ambos reforçam que economizar é uma forma de lucro. Isso valida a tese do Princípio 2 de que a riqueza não é medida apenas pelo salário, mas pela margem (o que sobra).

- **" Wer den Pfennig nicht ehrt, ist den Taler nicht wert" (Alemanha)** e **"Ichi en o warau mono wa ichi en ni naku" (Japão)**

  ◦ **Justificativa:** Ambos ensinam a valorizar as pequenas quantias (centavos/ienes). Isso se conecta ao combate aos "pequenos gastos diários" (como o cafezinho ou assinaturas não usadas) que sabotam o equilíbrio financeiro descritos no capítulo.

- **"O que se guarda é mais do que se ganha" (Países Árabes)**

  ◦ **Justificativa:** Enfatiza que a retenção é mais importante que o volume da renda, alinhando-se à conclusão do capítulo de que se você gasta tudo o que ganha, está correndo em uma esteira sem sair do lugar.

- **"Shǎo chī yī kǒu, duō cún yī dòu" (China)**

  ◦ **Justificativa:** *Tradução: "Coma uma mordida a menos, guarde um pouco a mais."* Reforça a ideia de pequenos sacrifícios no consumo presente para acumular no futuro, a base do Princípio 2.

Princípio 3: Crie o seu orçamento planejado

- **"Quem gasta sem conta é como quem fura um balde com água" (Países Árabes)**

  - **Justificativa:** A imagem do "balde furado" ilustra perfeitamente a falta de um orçamento. O provérbio destaca a ineficácia de ganhar dinheiro se não houver controle e monitoramento das despesas, que é o objetivo central de listar e categorizar gastos neste princípio.

Princípio 4: Defina uma reserva de emergência

- **"Spare in der Zeit, dann hast du in der Not" (Alemanha)**

  - **Justificativa:** *Tradução: "Economize na abundância, para ter na necessidade."* Resume a função exata da Reserva de Emergência: um valor guardado para cobrir gastos inesperados ou tempos difíceis.

- **"Geld allein macht nicht glücklich, aber es beruhigt die Nerven" (Alemanha)**

  - **Justificativa:** *Tradução: "Dinheiro sozinho não traz felicidade, mas acalma os nervos."* O texto do Princípio 4 destaca que a reserva proporciona "tranquilidade e segurança" e permite "dormir tranquilo à noite", conectando-se diretamente a "acalmar os nervos".

- **"Jiān shěng yòng qián, yǒu bèi wú huàn" (China)**
  - **Justificativa:** *Tradução: "Economize dinheiro e esteja preparado para evitar problemas."* Explicitamente cita o preparo para evitar problemas, que é a definição de prevenção de dívidas através da reserva de emergência.

- **"Man soll das Eisen schmieden, solange es heiß ist" (Alemanha)**
  - **Justificativa:** *Tradução: "Deve-se forjar o ferro enquanto está quente."* O livro menciona que ter uma reserva de emergência permite "aproveitar oportunidades" (como um investimento ou viagem imprevista). Este provérbio reforça a capacidade de agir quando a oportunidade surge.

Princípio 5: Invista conforme o seu perfil

- **"De grão em grão, a galinha enche o papo" (Portugal)**

◦ **Justificativa:** O texto associa este ditado diretamente aos **Juros Compostos** e ao aporte mensal, explicando que a constância é mais importante que a velocidade, conceito explicado pela função exponencial no Princípio 5.

- **"Chiri mo tsumoreba yama to naru" (Japão)**

◦ **Justificativa:** *Tradução: "Poeira acumulada torna-se uma montanha."* Similar ao ditado português, ilustra o poder do tempo e da paciência na acumulação de patrimônio.

- **"Qián shēng qián" (China)**

◦ **Justificativa:** *Tradução: "Dinheiro gera dinheiro."* É a definição popular de fazer o dinheiro trabalhar para você através de investimentos, gerando renda passiva e crescimento de patrimônio.

Princípio 6: Proteja o seu patrimônio

- **"(...) no poner todos los huevos en un solo cesto" (Espanha - Cervantes)**

◦ **Justificativa:** O texto classifica este como o "mandamento número 1" da **Diversificação**. A diversificação é apresentada no Princípio 6 como a terceira camada de proteção contra a ruína.

Princípio 7: Eduque-se Financeiramente

- **"An investment in knowledge pays the best interest" (EUA - Benjamin Franklin)**

  ◦ **Justificativa:** Conecta-se diretamente à necessidade de aprender as "regras do jogo" (Pilar Técnico) descritas no Princípio 7. O conhecimento é o único ativo que se valoriza com o tempo e protege contra a dependência de terceiros.

- **"There is no such thing as a free lunch" (EUA)**

  ◦ **Justificativa:** *Tradução: "Não existe almoço grátis."* O livro usa este provérbio para alertar sobre a relação **Risco x Retorno** e golpes financeiros. Isso é parte essencial do Princípio 7, que ensina a "filtrar o ruído" e entender que retornos altos exigem riscos altos.

REFERÊNCIAS

CERBASI, G. A Riqueza da Vida Simples. São Paulo: 2019.

FRIEDMAN, M. The Methodology of Positive Economics. In: FRIEDMAN, M. Essays in Positive Economics. Chicago: University of Chicago Press, 1953

HOUSEL, M. A Psicologia Financeira: lições atemporais sobre fortuna, ganância e felicidade. Tradução de Roberta Clapp e Bruno Fiuza. 1. Ed. Rio de Janeiro: RJ Haper Collins. Brasil, 2021.

KAHNEMAN, D.; TVERSKY, A. Prospect Theory: an analysis of decision under the risk. Econometrica, v. 47, n. 47, p. 263-292, Mar. 1979.

KAHNEMAN, D.; TVERSKY, A. Choices, Values and Frames, Cambridge: Cambridge University Press. 2000

KAHNEMAN, D. Rápido e Devagar: Duas Formas de Pensar. Rio de Janeiro: Objetiva, 2012.

KIYOSAKI, R. T.; LECHTER, S. L. Pai rico, pai pobre: o que os ricos ensinam a seus filhos sobre dinheiro. 52. ed. Rio de Janeiro: Elsevier, 2000.

THALER, R. Mental Accounting and Consumer Choice. Marketing Science, v. 4, n. 3, p.199-214, 1985.

THALER, R.; SUSTEIN, C. Nudge: Improving decisions about health, wealth, and happiness. Yale University Press, 2008

TVERSKI, Amos. Investment decisions are filtered through mental biases - hard-wired predispositions that color and frequently cloud perceptions of events and opportunities. Dow Jones Asset Management, v. II, n. 6, p. 21-28, 1998. Leaders in Finance.

Made in the USA
Monee, IL
04 November 2026

67377522R00075